中國學術思想 研究輯刊

八 編
林慶彰 主編

第 14 冊

魏晉儒道會通思想之研究
顏國明 著

花木蘭文化出版社

國家圖書館出版品預行編目資料

魏晉儒道會通思想之研究／顏國明 著 — 初版 — 台北縣永和
市：花木蘭文化出版社，2010〔民99〕
序 4+ 目 2+164 面；19×26 公分
（中國學術思想研究輯刊 八編；第 14 冊）
ISBN：978-986-254-198-2（精裝）
1. 魏晉南北朝哲學　2. 儒家　3. 道家
123　　　　　　　　　　　　　　　　　　99002365

ISBN - 978-986-2541-98-2

9 789862 541982

中國學術思想研究輯刊
八　編　第十四冊　　　　　　ISBN：978-986-254-198-2

魏晉儒道會通思想之研究

作　　者　顏國明
主　　編　林慶彰
總 編 輯　杜潔祥
出　　版　花木蘭文化出版社
發 行 所　花木蘭文化出版社
發 行 人　高小娟
聯絡地址　台北縣永和市中正路五九五號七樓之三
　　　　　電話：02-2923-1455／傳真：02-2923-1452
網　　址　http://www.huamulan.tw 信箱 sut81518@ms59.hinet.net
印　　刷　普羅文化出版廣告事業
封面設計　劉開工作室
初　　版　2010 年 3 月
定　　價　八編 35 冊（精裝）新台幣 58,000 元

魏晉儒道會通思想之研究

顏國明　著

作者簡介

顏國明，臺灣師範大學國文系學士、國文研究所碩士，中國文化大學哲學博士，現任國立臺北教育大學語文與創作學系教授兼系主任。著有《魏晉儒道會通思想之研究》、《從圓教範型論道家思想之開展》、《易傳與儒道關係論衡》等書。

提　　要

　　本論文旨在探求魏晉儒道會通之思想發展，並考察各家在理論體系上之建構與證成。論述次序上，採取以人物為經線，再以各家體用義及其對聖人人格義蘊之認定為緯線，逐次論析，期能表明此一時期之學術特色及其思想成就。全文共分三章五部份進行：

　　首部份為緒論，綜論此時期之重要思想課題及其緣起。

　　第一章，闡述何晏之道論，首先說明何晏與正始之音，及其「援道入儒」之學術特色，進而自其「天地萬物以『無』為本」與「道本無名」之主張中，探討其所謂「道」之內涵，末則從體用觀論析其「聖人無情」之義蘊。

　　第二章，討論王弼之體用論，前節綜理其學術特色與思想要點，再自無、有，母、子、本、末、一、多等諸概念之關係網絡，研尋其「體用如一，本末不二」之圓融體系，進而以「體無用有」之體用觀，剖析其「聖人體無而有情」之內在意涵，末節考察其在儒、道會通課題上之理論證成。

　　第三章，探討向、郭之迹冥論，首節論列二人之學術著作與注《莊》疑案，其次闡析其「自生自有」、「自爾獨化」之體用義，並尋繹其「迹即冥，冥即迹，亦迹亦冥，非迹非冥」當體圓融之體用圓境。末節考察迹冥圓在「道體儒用」體用觀上之義理內蘊，及其在孔、老會通之思想發展上所達臻之理論成就。

　　最後部份為結論，綜述魏晉玄學家在理論體系建構上之發展脈絡，及此時期學術所開展之成就，再自儒、道義理思想之本質，考察此時期之會通是否深中二家之肯綮，亦即是魏晉玄學是否真能在義理內容上達成儒、道二家真正之會通。

目次

前　記

　　1984 年，進入師大國文研究所就讀，次年，牟老師由香港返臺，應師大之聘擔任講座教授，第一年講魏晉玄學，第二年講佛學。兩年時間有幸得以親聆其教誨，並在他老人家的指導下完成本論文。

　　在本論文即將出版之際，重讀舊作，老師之慈顏猶歷歷在目，謹以〈追懷宗師〉之文（原登載於《鵝湖月刊》246 期）代〈序〉，一方面緬懷　老師「學不厭，教不倦」的學行志業與人格風範，一方面也敦促自己黽勉從事。《史記・孔子世家》太史公贊曰：「高山仰止，景行行止，雖不能至，然心嚮往之。」某雖駑鈍，亦庶幾戮力而爲，無愧師教。

代　序

涼風起天末，君子意如何——追懷宗師

　　時序漸秋，研究室高踞十樓，極易察知季節的轉換，每每開啓長窗，海風飄颯而至，它們從迢遠的海面順著淡水河出海口的通道，穿越過大廈林立的新興社區，吹拂過山坡對面的高爾夫球場，來到我的窗前，大概因長途跋涉，風勢已有些疲軟，然而彷彿涵藏著深沈的悲意，難道因爲途中也閱歷著人世的滄桑嗎？悲風翻拂著案前熊先生、唐先生、牟老師的論著，心中總不禁迴蕩著杜甫的感概：

　　　　涼風起天末，君子意如何？

　　　　文章憎命達，魑魅喜人過。

這是杜甫懷李白的詩句，然而它之所以讓我有具體深刻的感受，卻是因爲牟老師的關係。

　　那是去年春天的事了，紅珍來電告知：老師久居街市，想到郊外走走，因此我利用沒課的日子，載老師、紅珍和小兒子淵一起上陽明山。花季還沒開始，又非週末，遊人不多，陽明山自有它清疏的美感。一路瀏覽山色，老師興致頗高，加上紅珍、子淵開雜的童言稚語，增添了許多樂趣。車停第一停車場，原只建議老師在廣場附近走走，不料老師杖履從容，拾級而上，信步於林間曲徑，竟也走了不太短的路程，我暗暗耽心著：老師病體初癒是否會透支體力，但是老師說他慣於散步，一路指點著滿山林木枝梢上抽長的新葉嫩芽，滿眼鵝黃嫩綠，映襯在藍天的背景上，眞是一派生機蔥蘢，「這就是

春天！這就是希望！」老師反覆地讚歎著，臉上散發著紅潤的光彩，那時部分山櫻與杜鵑都已次第開放，但老師似乎並不怎麼留意那些繽紛的花紅，盡是眷顧著新綠的喜悅。在這樣的氛圍裡，當發現紅珍和子淵偷偷去買糖葫蘆，躲在花叢背後喜孜孜地舔食著，老師愉悅地笑開了；當遠眺群巒，說起紗帽山另有一極象形的別名時，老師也會心莞爾。魯鈍的我突然明白了：這麼多年來，老師之所以樂於接見青年學子，包容下我們生澀的習氣和見解，卻盡量減省其他人情酬對，也是緣於這份珍惜新生的心境吧！

老師憶起十年前曾與其他師友來過後山，很想重訪，我卻不知後山何處，幾經問路探尋，終於來到綠茵連綿、視野開闊的後山，老師失望的神情重新開朗起來，「是了，就是這裡。」這裡是適合靜坐的，在曲長的花廊下隨意坐下，青天、白雲、碧草、和風便環擁過來，老師憶述著當年交遊，然後落入一陣沈默，我們想：老師是累了，應該休息的。這時老師卻突然問起杜甫〈天末懷李白〉的全文，然後反覆吟詠著「涼風起天末，君子意如何」、「文章憎命達，魑魅喜人過」，我一向生性魯鈍，雖然聽出聲音裡有掩不住的蒼涼感慨，卻只能靜靜陪侍著，不知如何回應，也才警覺到十數年來，追隨老師讀書，總是單向的汲取，讀老師的論著，聽老師的演講，即使有所討論思辨，也總是仰賴老師睿智的仲裁，既偏重理性的提攜策勵，又習於處接受者的角色，也就常忽略了主動去叩問老師在現實的人世處境裡具體的感受，更說不上相應的慰解了。

老師是寂寞的，經歷大江南北的飄蕩，體察家國歷史的動亂，憫痛於學術文化的萎靡，老師以其大悲大智，發憤於生命之學問的彰明，踽踽涼涼，奮力前行，不顧潮流，不計名利，一襲青衫涵容下了人世的褒貶毀譽，超越過事象的窮通起伏，只餘悲情自照。老師在〈五十自述〉裡所述：「千佛菩薩，大乘小乘，一切聖賢，俯就垂聽，各歸寂默，當下自證。證苦證悲證覺，無佛無耶無儒。消融一切，成就一切。一切從此覺情流，一切還歸此覺情。」是啊！「各歸寂默，當下自證」！當李白在垂暮之年，因永王事件流放夜郎，世人交謗中，杜甫深摯地繫念起那血性熱切卻一生寂寞的故人，「文章憎命達，魑魅喜人過」，道出了李白與人世價值的相齟齬，而「涼風起天末，君子意如何」，則更體貼地叩問：李白處此價值崩離的境況，回顧自我生命歷程，在疲累的形軀負荷下，該是蘊涵著何等悲情覺智？而我們親近追隨的老師，在蒼茫的天光風色裡，吟哦著杜甫懷思李白的詩句，感慨的不正是主客觀世

界裡的一切悲痛？叩詢的不正是自我當下自證的悲心覺情？

　　今年春天，各種草木又是一片新綠，老師卻與世長辭了，了脫病苦，了脫人世的得失榮辱，也了脫因血性深情而有的牽掛。蔡仁厚老師〈牟老師最晚年的學思與著作〉記錄了去年歲暮老師臥病時的書示文字：「我一生無少年運，無青年運，無中年運，只有一點老年運。無中年運，不能飛黃騰達、事業成功。教一輩子書，不能買一安身地；只寫了一些書，卻是有成，古今無兩。」在蕭颯多悲風的人世裡，老師安於布衣蔬食、陋巷斗室，未嘗追求現實的亨通富足，卻活出了軒昂挺拔的氣象，成就了古今無兩的學術功業，這段話正是老師的自我覺證，也是當日陽明山上的感喟裡的深沈訊息，只是，等我能較深刻體察出老師的這份悲情，老師卻已遠離了。

緒　論

　　在中國歷史上，魏晉時代爲期雖短，政局且擾攘不安，然在哲學思想方面，卻能開展凌越前代之成就。魏晉名士於思辨上所顯示之理智清光，既能傳承先秦以降之思想統緒，又昭然顯發新義，各出新見，配合其於眞實生活上所流露之風流蘊藉，自成迴出之時代特色。

　　兩漢之人質實，雖能建立大一統之帝國，典章制度粲然大備，武功亦頗可觀，然因精神太著於存在，而乏空靈之智思，故於思想上無卓特表現。漢儒言孔聖與儒學，只於禮樂之迹與功上言，未能由迹返本，即器悟神，以體會聖人所以爲聖之眞實生命；且以氣化之宇宙論作爲德性價值之理論根據，造成儒學之歧出；又從《易》之象數，衍生種種天象人事之比附，加以讖緯災異之說盛行，遂使漢代思想界煙霧瀰漫，阻塞玄智。魏晉人則富於形上之哲思，體用之論興，而本體之形上義顯；迹本之說行，而聖人之化境著；遂盡掃漢人妖妄之氣，眞可謂潦水盡而寒潭清者矣。

　　魏晉人所遺之著述不多，其中且有零篇散句，讀之似不能成系統者，然細加尋繹，則可見其實多能談言微中，思想常如花爛映發，論題亦多而精湛，諸如：孔老是同是異、聖人有情無情、言能否盡意、樂聲自身是否具有哀樂、崇有與貴無孰爲正道、養生之道爲何等等，皆是思理淵微深透之論題。其中，孔老同異——亦即如何會通儒道——之問題，尤爲此諸論題中最具代表性、義理最具涵蓋性者。於此論題上，昭然可見魏晉人一方面承接道家之義理而開發玄談，一方面則需護守住孔子之聖人地位之苦心，彼等爲求突破此一思想上之難題，遂踵跡相承，顯發無邊之妙義。從中亦可見中國哲學慧命之繩繩相繼，自有其發展之源源血脈，亦總能應時開發思想之花菓也。

　　本論文旨在探求魏晉儒道會通之思想發展，並考察各家在理論體系上之建構與證成。論述次序上，採取以人物為經線之綱領，各家之下，再以體用義及其對聖人人格義蘊之認定為緯線，逐次論析，期能表明此一時期之學術特色及其思想成就。

第一章　何晏之道論

第一節　引　言

　　如何會通孔、老乃魏晉玄學之重要課題。此階段學術之興起有其時代背景之外因，與學術本質關係之內因，前者一些前輩學者如湯一介先生等已多所論及，〔註1〕故不贅述。本文將以後者爲探討之重點，自本章開始，將逐次討論玄學家之思想體系，從而考察他們如何達到會通儒、道之內在義理結構，並進一步探尋各個理論體系在思想發展上之邏輯關係。

　　牟師宗三先生將魏晉名理區分爲「玄學名理」與「才性名理」，本研究主題所要探討之對象是「玄學名理」。而玄學名理，其義理內涵即是會通孔、老，故而審定魏晉「玄學名理」始自何時與何人，當該依準「儒道會通」之思想主題而定，考察是否基此主題建構理論體系，並與其他玄學家在思想相承上有連貫之關係，合乎此前提者，則當首推何晏，故本章將以何平叔爲中心，先明其儒、道兼修之學養與著作，進一步解析其「援道入儒」之義理結構，並由之而探尋其主張「聖人無情」之理論依據，最終則透過後起俊秀之玄學家所開展之理論體系作一對照性考察，以比對出盛極於魏晉之清談風尚，此活動之倡導者雖有推廣之功，而理論系統建構之細緻周密，往往有待於後起之新秀，所謂「前修未密，後出轉精」，良有以也。

〔註1〕請參湯一介：《郭象與魏晉玄學》（湖北：湖北人民，1983年），頁1。

一、何晏與正始之音

東晉袁宏作《名士傳》，將曹魏正始以後之名士分爲三個時期，《世說新語》劉孝標注引其文曰：

> 宏以夏侯太初（玄）、何平叔（晏）、王輔嗣（弼）爲正始名士，阮
> 嗣宗（籍）、嵇叔夜（康）、山巨源（濤）、向子期（秀）、劉伯倫（伶）、
> 阮仲容（咸）、王濬仲（戎）爲竹林名士，裴叔則（楷）、樂彥輔（廣）、
> 王夷甫（衍）、庾子嵩（敳）、王安期（承）、阮千里（瞻）、衛叔寶
> （玠）、謝幼輿（鯤）爲中朝名士。〔註2〕

此爲魏晉玄學分期之始，近人每論及玄學之演變，亦皆爲之分別流派，或以思想內容作爲準的，〔註3〕或依時代先後以爲圭臬；〔註4〕有別爲三宗，〔註5〕有分爲四期；〔註6〕著重點雖殊，而以正始時期爲魏晉玄學之肇創則一，此自史傳已然。

此時期之學術，史上冠以一特殊名稱，即「正始之音」，六朝後人對於此稱，每每貶意爲多，此因其末流餘緒使文化發展步入頹廢之歧途，而歸罪於始作俑者然也。至於歷史之事實，則「正始之音」確曾掀起三四百年之學術波瀾，其非徒爲魏晉南北朝人耳熟能詳之殊稱，甚且爲當時士人效顰折巾以仰望之風尚，顧亭林《日知錄》條貫甚爲詳備，可資參考：

> 魏明帝殂，少帝（史稱齊王）即位，改元正始，凡九年。其十年則
> 太傅司馬懿殺大將軍曹爽，而魏之大權移矣。三國鼎立，至此垂三
> 十年，一時名士風流盛于雒下，……自此以後，競相祖述，如《晉
> 書》言：王敦見衛玠，謂長史謝鯤曰：「不意永嘉之末復聞正史之音。」

〔註2〕 《世說新語·文學篇》「袁彥伯作《名士傳》成」條注，見劉義慶著，劉孝標注，余嘉錫箋疏：《世說新語箋疏》（臺北：仁愛，1984年），頁272。另：此段引文括弧內人名爲筆者所加。附註：本書凡引《世說新語》之文字，皆引自余嘉錫先生之箋疏本。

〔註3〕 湯用彤先生將魏至東晉之僧俗玄學思想依內容分爲四派而綜述之，參見《魏晉玄學論稿·魏晉玄學流別論》，收入於《魏晉思想乙編三種》（臺北：里仁，1995年），頁47～61。

〔註4〕 錢穆先生依時代先後分王何、阮嵇、向郭三派而考論其承衍與變化，見《莊老通辨·記魏晉玄學三宗》（臺北：三民，1973年），頁319～339。

〔註5〕 同前註。

〔註6〕 湯一介：《郭象與魏晉玄學》在「魏晉玄學的發展」章中分正始、竹林、元康、東晉四期，頁34～70。

沙門支遁，以清談著名於時，莫不崇敬，以爲造微之功足參諸正始。
《宋書》言：羊玄保二子，太祖賜名曰咸、曰粲。謂玄保曰：「欲令
卿二子有林下正始餘風。」王微與何偃書曰：「卿少陶玄風，淹雅修
暢，自是正始中人。」《南齊書》言：「袁粲言於帝曰：臣觀張緒有
正始餘風。」《南史》言：「何尚之謂王球：正始之風尚在。」其爲
後人企慕如此。〔註7〕

正始玄風所以爲後人仰慕如此，乃因其扭轉前代僵化沈滯之學術，而開創另
一充滿思辨性、啓發性之玄學新思潮，此時期之代表人物爲何晏與王弼，依
袁宏《名士傳》，夏侯玄亦屬焉，然因其說今已不存，隻言片語，難窺端倪，
故難論之。

　　何、王二人處同一時代，且皆爲正始玄風之開創人物，然二人之成就面
卻有所不同。就時代風氣之倡導言，則晏爲有功，故《文章敘錄》云：「晏能
清言，而當時權勢、天下談士，多宗尚之。」〔註8〕《文心雕龍・論說》亦曰：
「迄至正始，務欲守文，何晏之徒，始盛玄論，於是聃周當路，與尼父爭涂
矣。」〔註9〕此因其居高位，倡風氣故也。然就思想內容之精熟而言，則何晏
爲草創，必有待於穎悟絕倫之王弼出，方得圓成體用如一、本末不二之玄唱，
前人所謂「前修未密，後出轉精」，於二人處可略見焉，因之在觀察王弼之堂
奧前，亦當一睹何晏之廊廡，階循之迹，則可瞭然。

二、學術著作與「援道入儒」之特色

　　何晏，字平叔，史無專傳，《三國志》僅於卷九夏侯曹傳中略附寥寥數語：

晏，何進孫也，母尹氏，爲太祖夫人。晏長於宮省，又尚公主，少
以才秀知名，好老莊言，作〈道〉、〈德〉論及諸文賦，著述凡數十
篇。〔註10〕

　　綜理裴松之《三國志注》及《世說新語》等，則尙有數事可以引述，以
識其學思梗概：

〔註7〕見顧炎武：《日知錄》卷十七「正始」條，（臺北：文史哲，1979年），頁378
　　　　～379。
〔註8〕《世說新語・文學篇》「何晏爲吏部尚書」條劉孝標註引，《世說新語箋疏》，
　　　　頁196。
〔註9〕劉勰：《文心雕龍》（臺北：里仁，1984年），頁347。
〔註10〕《三國志・魏書・諸夏侯曹傳》（臺北：鼎文，1979年），頁292。

（一）晏少有異才，善談《易》、《老》。〔註11〕

（二）何平叔注《老子》，始成，詣王輔嗣。見王注精奇，迺神伏曰：「若
　　　斯人，可與論天人之際矣！」因以所注為〈道〉、〈德〉二論。〔註12〕

（三）何晏為吏部尚書，有位望，時談客盈坐，王弼未弱冠，往見之。
　　　晏聞弼名，因條向者勝理語弼曰：「此理僕以為極，可得復難不？」
　　　弼便作難，一坐人便以為屈，於是弼自為客主數番，皆一坐所不
　　　及。〔註13〕

（四）其（王弼）論道傅會文辭，不如何晏；自然有所拔得，多晏也。
　　　〔註14〕

（五）自儒者論以老子非聖人，絕禮棄學，晏說與聖人同，著論行於世也。
　　　〔註15〕

（六）前世傳授師說雖有異同，不為訓解，中間為之訓解，至於今多矣，
　　　所見不同，互有得失。今集諸家（孔安國、包咸、周氏、馬融、
　　　鄭玄、陳群、王肅、周生烈）之善，記其姓名，有不安者，頗為
　　　改易，名曰：《論語集解》。〔註16〕

（七）初夏侯玄、何晏等名盛於時，司馬景王亦預焉。晏嘗曰：「惟深
　　　也，故能通天下之志，夏侯泰初是也；惟幾也，故能成天下之務，
　　　司馬子元是也；惟神也，不疾而速，不行而至，吾聞其語，未見
　　　其人。」蓋欲以神況諸己也。〔註17〕

（八）裴使君（徽）言：「……，何尚書神明精微，言皆巧妙，巧妙之志，
　　　殆破秋毫，君（管輅）當慎之，自言不解《易》九事，必當以相
　　　問，比至洛，宜善精其理也。」輅言：「何若巧妙，以攻難之才，
　　　游形之表，未入於神。夫入神者，當步天元，推陰陽，探玄虛，
　　　極幽明，然後覽道無窮，未暇細言。若欲差次老、莊，而參爻象，
　　　愛微辯而興浮藻，可謂射侯之巧，非能破秋毫之妙也。若九事皆

〔註11〕　同前註，裴註引《魏氏春秋》，頁292。
〔註12〕　《世說新語‧文學篇》，《世說新語箋疏》，頁198。
〔註13〕　同前註，頁198。
〔註14〕　《三國志‧魏書‧鍾會傳》裴註引何劭《王弼傳》，頁795。
〔註15〕　《世說新語‧文學篇》「何晏注《老子》未畢」條劉註引《文章敘錄》，《世說
　　　　　新語箋疏》，頁201。
〔註16〕　何晏：《論語集解‧序》（臺北：藝文十三經注疏本，1979年），頁4。
〔註17〕　《三國志‧魏書‧諸夏侯曹傳》裴註引《魏氏春秋》，頁292。

至義者，不足勞思也。若陰陽者，精之以久。」〔註18〕

（九）裴使君問：「何平叔一代才名，其實何如？」輅曰：「其才若盆盎之水，所見者清，所不見者濁。神在廣博，志不務學，弗能成才。欲以盆盎之水，求一山之形，形不可得，則智由此惑。故說《老》、《莊》則巧而多華，說《易》生義，則美而多僞；華則道浮，僞則神虛，得上才則淺而流絕；得中才則游精而獨出，輅以爲少功之才也。」裴使君曰：「誠如來論，吾數與平叔共說《老》、《莊》及《易》，常覺其辭妙於理，不能折之。又時人吸習，皆歸服之焉，益令不了。相見得清言，然後灼灼耳。」〔註19〕

（十）故郡將劉邠，字令先，清和有思理，好易而不能精，與輅相見，自說注《易》將訖。輅言：「今明府欲勞不世之神，經緯大道，誠富美之秋。然輅以爲注《易》之急，急於水火，水火之難，登時之驗，《易》之清濁，延於萬代，不可不先定其神而後垂明思也。自旦至今，聽採聖論，未有《易》之一分，《易》安可注也？」邠因《易・繫辭》諸篇之理以爲注，不得其要，輅尋聲下難，事皆窮析，曰：「夫乾、坤者，《易》之祖宗，變化之根源，今明府論清濁者有疑，疑則無神，恐非注《易》之符也。」邠言：「數與何平叔論《易》及《老》、《莊》之道，至於精神遐流，與化周旋，清若金水，鬱若山林，非君侶也。」〔註20〕

（十一）傅嘏字蘭石，北地泥陽人，傅介子之後也。……嘏弱冠知名。是時何晏以材辯顯於貴戚之間。鄧颺好變通，合徒黨，鬻聲名於閭閻。而夏侯玄以貴臣子，少有重名，爲之宗主，求交於嘏，而不納也。嘏友人荀粲，有清識遠心，然猶怪之，謂嘏曰：「夏侯泰初一時之傑，虛心交子，合則好成，不合則怨至。二賢不睦，非國之利，此藺相如所以下廉頗也。」嘏答之曰：「泰初志大其量，能合虛聲，而無實才。何平叔言遠而情近，好辯而無誠，所謂利口覆邦國之人也。鄧玄茂有爲而無終，外要名利，內無關鑰，貴同

〔註18〕《三國志・魏書・方伎傳》裴注引《輅別傳》，頁819～820。
〔註19〕同前註，頁821。
〔註20〕朱彝尊：《經義考》（臺北：中央研究院中國文哲研究所籌備處，1997年）卷十「劉氏邠《易注》」條下引《管輅別傳》，第一冊，頁181～182。

惡異，多言而妡前；多言多釁，妡前無親。以吾觀此三人者，皆
敗德也。遠之猶恐禍及，況昵之乎！」〔註21〕

（十二）何晏之著作，歷代著錄者有：

《老子道德論》二卷：《七錄》、《舊唐書・經籍志》著錄

《老子講疏》四卷：《新唐書・藝文志》著錄

《老子雜論》一卷：《隋書・經籍志》著錄

《道德問》二卷：《新唐書・藝文志》著錄

《集解論語》十卷：《隋書・經籍志》著錄

《周易何氏解》：孔穎達《周易正義》引

《周易說》：《三國志》著錄

《周易私記》二十卷：《冊府元龜》著錄

《周易講說》十三卷：《冊府元龜》著錄

《孝經注》：《七錄》著錄

《樂懸》一卷：《隋書・經籍志》著錄

《官族傳》十四卷：《隋書・經籍志》著錄

《魏晉諡議》二卷：《新唐書・藝文志》著錄

《集》十一卷：《隋書・經籍志》著錄

在上列十二條記載中，可綜理出數項要點：

第一：儒道兼修乃魏晉玄學家普遍共同之風尚，而將二家思想雜揉並談，
則是何晏啓其端緒，其在清談時，善言《易》、《老》，而由著作亦可顯見出其
用心處是在《易》、《老》與《論語》三書，自今日尚存之《論語集解》，與張
湛《列子注》中所引之「道論」和「無名論」，更可尋繹出其援道入儒之轍迹。

第二：其援道入儒是以「附會文辭」爲之，亦即是將道家本體層之「無」，
取代儒家形上實體之「道」，此步會通，雖可彰明「道」之形式特性意義，卻
亦抹殺儒家「道」之實體實理、大化流行之內容特性意蘊。

第三：既是附會，而何以時人「皆歸服之焉」，此則憑藉其清談時優雅的
舉止風度與「殆破秋毫」之巧妙言辭，所謂「論道約美」〔註22〕、「辭妙於理」；
加以其典選舉，有位望，時常談客盈坐，故時人漸次吸習，終歸附焉。然嶄

〔註21〕《三國志・魏書・傅嘏傳》裴注引《傅子》，頁 623～624。

〔註22〕《世說新語・文學篇》「何晏注《老子》始成」條劉注引《魏氏春秋》曰：「弼
論道約美不如晏，自然出拔過之」，《世說新語箋疏》，頁 198。

新學術之建立，非惟藉「灼灼之清言」，更緊要處在於理論體系之建立，斯乃前人所謂「成一家言」者也。言可成家，則其義理系統乃有其獨立之意義，時人之「歸服」方可謂心悅誠服，否則若僅因其辭妙于理，人不能折，此乃力有未逮，終亦不免智者「巧而多華，美而多僞」之譏，故其解說《論語》自亦不免「有不合者頗爲改易」之習。

第四：何晏雖儼然爲一代清談界之領袖，但眞正以自然拔得之才，縱橫來去，奔騰自如，振起當時之玄風者，則是王弼，故「正始之音」之形成，及其所以爲後人傾慕不已，何晏「始盛」之功雖不可沒，而王弼推波助瀾之力尤可見存。

第五：能論「天人之際」方是清談之上乘極致，王弼之思想體系已臻乎此極致之境，而何晏則未達，故改其《老子注》爲〈道〉、〈德〉二論。

第六：援道入儒，故一面尊孔，一面又將老子提升至「聖人」之列，〔註23〕開啓後世既尊儒聖，且崇老子之先聲。

第二節　儒道之「道」

《論語·先進第十一》「回也其庶乎！屢空」條，何晏注曰：

> 一曰屢猶每也，空猶虛中也，以聖人之善道教數子之庶幾，猶不至於知道者，各內有此害，其於庶幾每能虛中者，惟回懷道深遠。不虛心，不能知道，子貢雖無數子之病，然亦不知道者，雖不窮理而幸中，雖非天命而偶富，亦所以不虛心也。〔註24〕

以「虛中」訓「空」，顏回因能虛中，故「懷道深遠」，其餘數子不能「知道」，亦因不能「虛心」故也。「虛」原是老、莊之工夫用心所在，《老子》十六章曰：「致虛極，守靜篤，萬物並作，吾以觀復。」〔註25〕《莊子·人間世》亦云：「氣也者，虛而待物者也。唯道集虛。虛者，心齋也。」又云：「虛室生

〔註23〕《弘明集》（臺北：商務四部叢刊本，1980年）載周顒〈重答張長史書〉云：「王、何舊説，皆云老不及聖」，頁82。與《文章敘錄》之意不同。惟自學説主張言之，何晏之推尊老子，是與其思想理路一致的。而周顒之説，當是偏就王弼之主張言之，蓋後世之人言「正始之音」，皆習慣性地王、何並舉，周顒可能忽略二人在某些學説主張上還是有差別的。

〔註24〕〔魏〕何晏注，〔宋〕邢昺疏：《論語注疏》（臺北：藝文十三經注疏本，1979年），頁98。

〔註25〕〔魏〕王弼著，樓宇烈校釋：《王弼集校釋》（臺北：華正，1992年），頁35～36。

白，吉祥止止。」〔註 26〕道家「損之又損」之工夫實踐，即爲朗現一無執無著之虛靜心，今亦言顏回以虛中懷道，此眞發前人所未發者，故順其訓解，自然衍出皇侃更玄理化之解釋：

> 空猶虛也，言聖人體寂，而心恒虛無累，故幾動即見，而賢人不能體無，故不見幾，但庶幾慕聖，而心或時而虛，故曰屢空，其虛非一，故屢名生焉。〔註 27〕

此章原意在於描述顏回不以貧窶動心，雖屢至「空匱」，猶樂道不倦。何晏雖存舊解，亦附上新解，而新解方是其費心所在，故皇侃進一步提出「聖人體寂」、「賢人不能體無」之觀念，此種說解實即是王弼「聖人體無」之延伸，在何晏處尚不見有此類圓融之說，但援「道」入「儒」，會通孔、老，已啓朕兆。

　　皇侃之「寂」與「無」乃「道」之同義語，而依何晏之看法，「道」不可體，僅能志慕之而已，「述而第七」「志於道」句，其注曰：

> 志，慕也。道不可體，故志之而已。〔註 28〕

「道」非惟「不可體」，亦且「深微，故不可得而聞」。〔註 29〕而在《論語》中，對孔子而言，「道」是可得而聞的，「子曰：『朝聞道，夕死可矣！』」（里仁篇），亦可守之、弘之：「篤信好學，守死善道。」（泰伯篇），「人能弘道」（衛靈公篇），何晏卻認爲「道不可體」，且「深微，不可得而聞」，人但能「志之而已」，則其所謂「道」者，其內容究竟何所指，則有待於進一步之探討。

一、天地萬物以「無」爲本

　　《列子‧仲尼篇》張湛注中存有何晏之「無名論」，其中云：「夏侯玄曰：天地以自然運，聖人以自然用。自然者，道也。道本無名，故老氏曰：『彊爲之名』。」又云：

> 夫道者惟無所有者也，自天地已來，皆有所有矣！然猶謂之道者，以其能復用無所有也。〔註 30〕

〔註 26〕郭慶藩：《莊子集釋》（臺北：河洛，1974 年），頁 147、150。
〔註 27〕皇侃：《論語集解義疏》（臺北：商務叢書集成，1966 年），165 冊，頁 440。
〔註 28〕〔魏〕何晏注，〔宋〕邢昺疏：《論語注疏》，頁 60。
〔註 29〕《論語‧公冶長第五》「夫子之言性與天道」句何晏注曰：「天道者，元亨日新之道也。深微，故不可得而聞也。」見《論語注疏》，頁 43。
〔註 30〕張湛：《列子注》（臺北：廣文，1971 年），頁 48～49。

何晏所稱之「道」，原來是「自然」，是「無」，其性質為「道之而無語，名之而無名，視之而無形，聽之而無聲」，超乎一切言象之外，而此超言絕象者是萬有存在之超越根據，《列子・天瑞篇》張湛注又保存有何晏之〈道論〉，其文云：

> 有之為有，恃無以生，事而為事，由無以成。夫道之而無語，名之而無名，視之而無形，聽之而無聲，則道之全焉。故能昭音嚮而出氣物，包形神而章光影。玄以之黑，素以之白，矩以之方，規以之圓，圓方得形而此無形；白黑得名而此無名也。〔註31〕

一切存在物（有）及存在活動（事），皆憑藉於「無」，始能成其為存在，乃至一切玄素矩規，皆因於「無」，方可成其黑白方圓，《晉書・王衍傳》之稱引，更可見出其明確之意義：

> 魏正始中，何晏、王弼等祖述《老》、《莊》，立論以為：「天地萬物皆以無為本。無也者，開物成務，無往而不存者也，陰陽恃以化生，萬物恃以成形，賢者恃以成德，不肖者恃以免身。故無之為用，無爵而貴矣。」〔註32〕

儒、道二家對於一切存在之超越根據，皆以「道」為稱，如《中庸》曰：「天地之道，可以一言而盡也，其為物不貳，則其生物不測。」〔註33〕《老子》亦云：「道生一，一生二，二生三，三生萬物。」（四十二章）。但《老子》除言「道」外，又言「無」：「天下萬物生於有，有生於無。」（四十章），又言「自然」云：「人法地，地法天，天法道，道法自然。」（二十五章）。

　　儒、道二家雖然對一切存在的超越根據皆以「道」為稱，但儒家是以「道德」（moral）為其內涵，所謂：「道德秩序就是宇宙秩序，宇宙秩序就是道德秩序」。〔註34〕而道家之「道」，指的是「自然」、「無為」之道。故而二家之「道」在內容義蘊上並不相同，而何晏會通二家之第一步，卻是將二家具有特殊意涵之「道」，故意略去其內容意義上的差異，而惟從形式特性上言其同，再進一步以道家之「無」與「自然」詮解，如此移花接木後，儒、道二家即使在工夫用心處有所差殊，而其終極嚮往與關懷則一，此種援道入儒之「附會」，他稱之為「異於近而同於遠」，其言曰：

〔註31〕同前註，頁4。
〔註32〕《晉書・王衍傳》（臺北：鼎文，1979年），頁1236。
〔註33〕朱熹：《四書章句集註》（臺北：鵝湖，1984年），頁34。
〔註34〕牟師宗三：《中國哲學十九講》（臺北：學生，1983年），頁136。

同類無遠而相應，異類無近而不相違，譬如陰中之陽、陽中之陰，各以物類自相求從。夏日爲陽，而夕夜遠與冬日共爲陰；冬日爲陰，而朝晝遠與夏日同爲陽，皆異於近而同於遠也。詳此異同，而後無名之論可知矣。〔註35〕

在現象中，儒、道各自成家，理論各有不同，「異於近」者也；然其立論之終極根據，則無差殊，皆以「無」爲本，「同於遠」是也。儒道「異於近而同於遠」之會通，何晏稱之爲「殊塗同歸」：

善道有統，故殊塗而同歸。〔註36〕

善有元，事有會，天下殊塗而同歸，百慮而一致，知其元則眾善舉矣，故不待多學而一知之。〔註37〕

儒、道之「統」即在於「以無爲本」，能知此本體之「無」，則可「眾善舉」，故亦「不待多學」，管輅亦曾稱晏「志不務學」，與此旨合。蓋萬物雖紛紜百態，諸家雖各自成說，然其指歸元會則同，皆可以「無」知之，故學思所濟，不在萬象紛然之現象，而在於可「一」以貫之之本體，此種過程，何晏稱之爲「反」：

夫思者，當思其反。反是不思，所以爲遠；能思其反，何遠之有。

言權可知，唯不知思耳。〔註38〕

學能思反，則可以「知新」，而能「尋繹故者，又知新者」，則「可以爲人師矣」。〔註39〕透過對舊籍之注釋，闡發嶄新的本體之學，此魏晉玄學所以爲「新學」也，何晏則爲開此新學之先聲。

「尋繹故者，又知新者」，意味其對於古籍之理解有獨到之創發性，「援道入儒」即是其首開前聲之發現也，一切存在物，與夫存在之活動，包括儒家聖賢之德業，皆以「無」爲本體，所謂「賢者恃以成德」是也。

二、「道」本無名

張湛《列子·仲尼篇》注有何晏之〈無名論〉，其文曰：

〔註35〕張湛：《列子注》引何晏〈無名論〉，頁48。
〔註36〕《論語·爲政篇》「攻乎異端」句何晏集解，《論語注疏》，頁18。
〔註37〕《論語·衛靈公篇》「子曰：賜也，女以予爲多聞而識之者與」句何晏注解，同前註，頁137。
〔註38〕《論語·子罕篇》「未之思也，夫何遠之有」句何晏注解，同前註，頁81。
〔註39〕《論語·爲政篇》「子曰：溫故而知新可以爲師矣」條何晏注，同前註，頁17。

爲民所譽，則有名者；以無譽，無名者也。若夫聖人名無名，譽無譽，謂無名爲道，無譽爲大，則夫無名者可以言有名矣。無譽者可以言有譽矣。然與夫可譽可名者，豈同用哉！此比於無所有，故皆有所有矣。而於有所有之中，當與無所有相從，而與夫有所有者不同。

同類無遠而相應，異類無近而不相違，譬如陰中之陽、陽中之陰，各以物類自相求從。夏日爲陽，而夕夜遠與冬日共爲陰；冬日爲陰，而朝晝遠與夏日同爲陽，皆異於近而同於遠也。詳此異同，而後無名之論可知矣。凡所以至於此者何哉？

夫道者惟無所有者也，自天地已來，皆有所有矣，然猶謂之道者，以其能復用無所有也。故雖處有名之域，而沒其無名之象：由以在陽之遠體，而忘其自有陰之遠類也。

夏侯玄曰：天地以自然運，聖人以自然用。自然者，道也。道本無名，故老氏曰：「彊爲之名」。仲尼稱：「堯蕩蕩無能名焉」，下云：「巍巍成功」，則彊爲之名，取世所知而稱耳。豈有名而更當云無能名焉者邪？夫唯無名，故可得徧以天下之名名之，然豈其名也哉。惟此足喻而終莫悟，是觀泰山崇崛而謂元氣不浩芒者也。〔註40〕

此〈論〉可分三段言之，前段乃順《老子》二十五章「吾不知其名，字之曰道，強爲之名曰大」而爲言，道本無名無譽，而既稱之爲「道」，譽之爲「大」，則「有名」、「有譽」矣。此類乎莊子「既已爲一矣，且得有言乎？既已謂之一矣，且得無言乎？」〔註41〕然此「有名、有譽」與具體存在物之「有名、可譽」又截然不同。是故比對於有形有名之萬物而言，則「道」無形無象，是「無所有」，然此「無所有」卻不能理解成「空概念」，因之若對較於「空概念」性之「無所有」，則「道」又爲「有所有」者矣！因其爲天地萬物之超越根據故也。而此「有所有」者之本質即是無形無名、超言絕象，與夫具體存在物之「有所有」又完全有別，具體存在物之「有」，是「有形有象」之實存，若其不存在，則即爲空概念。綜括前段而言，其旨意皆在強調：「道」本無形無名，雖「字之曰道，彊爲之名曰大」，亦皆只是權說方便，其本質仍是超乎言象，無所有，與指實名言之具體存在涇渭判然，故雖處權用之「有

〔註40〕張湛：《列子注》引，頁48。
〔註41〕郭慶藩：《莊子集釋》，頁79。

名之域」，亦不能泯沒其本質之「無名之象」。

中段以「同類無遠而相應，異類無近而不相違」始，陳說本體層與現象層之關係，此處「同類」、「異類」、「物類」等，並非指邏輯法則中之「類概念」，而是專就超言絕象之本體層與有名有形之現象層之區分言。現象層中，不論其廣涵性多大，皆屬同質同層，因其同質同層，故言其爲「相應」，而其與無形無象之本體層雖異質異層，卻並「不相違」，且「各以物類，自相求從」，其下以陰陽爲譬喻，亦在說明二層之關係，現象界中雖每一個體千差萬別（異於近），然皆同屬於一個超言絕象之本體（同於遠），此即是其「天地萬物皆以『無』爲本」之意。

文中有二處言及「相從」，其重點只在凸顯道之超越義，超越時空，超乎言象，爲一切存在之根據，亦即是「有之爲有，恃無以生；事而爲事，由無以成」，此種「相從」僅是消極義之「不相違」，並非體用圓融爲一，不即不離之積極義。

末段則以「無名」爲線索，貫串《論語・泰伯篇》：「大哉堯之爲君也，巍巍乎！唯天爲大，唯堯則之。蕩蕩乎！民無能名焉。巍巍乎！其有成功也；煥乎！其有文章。」與《老子》「無名」而「彊爲之名」之道，前者本意指堯廣大深遠之「德」，因其德浩遠，準之於天，人民無法擬諸言語形容，何晏以「堯德之不可名」類同於「道之不可名」，而歸結於「天地以自然運，聖人以自然用」之「自然」，自然者，即是無形無名、無狀無象，爲天地萬物之本體之「道」，每一存在，皆不能離此形上之根據而得存在，以其無名，故可「徧以天下之名名之」。意旨所歸，依舊不離「天下萬物以『無』爲本」之基本要旨，援「本體之無」之新醅，入「儒德之用」之舊甕，乃何平叔啼聲初唱之用心處也。

第三節　聖人無情

《三國志・魏書・鍾會傳》裴松之注引何劭《王弼傳》其中一段言：

> 何晏以爲聖人無喜怒哀樂，其論甚精，鍾會等述之。弼與不同，以爲：「聖人茂於人者神明也，同於人者五情也。神明茂，故能體沖和以通無；五情同，故不能無哀樂以應物。然則聖人之情，應物而無累於物者也。今以其無累，便謂不復應物，失之多矣。」〔註42〕

〔註42〕《三國志・魏書・鍾會傳》裴注引何劭《王弼傳》，頁795。

何晏主張「聖人無喜怒哀樂」，王弼則認為「聖人體無」，故能「應物而無累於物」，此類「有情」、「無情」之辯題，亦曾發生在莊子與惠施身上，《莊子·德充符》曰：

> 惠子謂莊子曰：「人故無情乎？」
>
> 莊子：「然。」
>
> 惠子曰：「人而無情，何以謂之人？」
>
> 莊子曰：「道與之貌，天與之形，惡得不謂之人？」
>
> 惠子曰：「既謂之人，惡得無情？」
>
> 莊子曰：「是非吾所謂情也。吾所謂無情者，言人之不以好惡內傷其
>
> 身，常因自然而不益生也。」〔註43〕

惠施主張人是「有情」的，莊子卻認為人當該「無情」，乍看之下，兩人的觀點是相互矛盾的，其實主要是兩人對「情」的認知不同，莊子也知道人有情感、情欲、本能，但是人卻不當為情感與情欲所框限，所以他所說的「無情」，指的是人「不以好惡內傷其身，常因自然而不益生」，毋寧說這是人之情感與情欲的一種「調適上遂」，其與人的「有情」並不衝突。

數百年之後，「有情」與「無情」的論題，復現於何平淑與王輔嗣，然此時之辨不再僅是點到即止，在輔嗣之處，除本段引文之抒發外，其答荀融難大衍義之書亦多所申明，且主張一貫，意旨圓熟鮮明。何平叔之論，今已佚失，其涉及「情」之論點者，亦唯有《論語集解》之注：

> 凡人任情，喜怒違理；顏回任道，怒不過分。遷者，移也。怒當其
>
> 理，不移易也。〔註44〕

文獻記載因過於簡略，致近世之人對於何平叔「聖人無情」之說紛紜難定，馮友蘭認為：何平叔所主張之「聖人無情」，並非說聖人冥頑不靈，如所謂槁木死灰者，而是聖人對於外物有全然之了解，因其了解透闢，故能起融化感情之作用，達到《莊子·養生主》所言之「哀樂不能入」之境界，故綜括「其大意，大概是先秦道家所持『以理化情』，或『以情從理』之說」。〔註45〕

另外，湯用彤先生則認為：「聖人無情」乃漢魏閒名士之通說，其意蓋出

〔註43〕郭慶藩：《莊子集釋》，頁220～221。

〔註44〕《論語·雍也篇》「有顏回者好學，不遷怒，不貳過。」何晏注，《論語注疏》，頁51。

〔註45〕馮友蘭：《新原道》（臺北：商務，1995年），頁133～134。

於聖德法自然之天，「夫天何言哉，聖人爲人倫之至，自則天之德，聖人得時在位，則與寒暑同其變化，而未嘗有心於寬猛，與四時同其推移，而未有心於喜怒。不言而民信，不怒而民威。聖人不在其位，固亦用之則行，舍之則止，與時消息，亦無哀怨。夫內聖外王，則天化行，用舍行藏，順乎自然，賞罰生殺，付之天理。與天地合德，與治道同體，其動止直天道之自然流行，而無休戚喜怒於其中，故聖人與自然合爲一，則純理任性而無情。聖人以降，則性外有情，下焉者則縱情而不順理，上焉者亦只能以情爲理，而未嘗無情。」湯氏推平叔之意，而綜結爲：「聖人純乎天道，未嘗有情，賢人以情當理，而未嘗無情，至若眾庶固亦有情，然違理而任情，爲喜怒所役使而不能自拔也。」〔註46〕湯氏此說，頗能盡「聖人無累」之義蘊，然對於何平叔何以主「聖人無情」，而王輔嗣何以主「聖人有情」之立義所由，他也從「體用關係」的架構來做比對，其論點更爲精當，其言曰：

> 何晏、王弼同祖老氏，而其持說相違者疑亦有故，何晏對於體用之關係未能如王弼所體會之親切，何氏似猶未脫漢代之宇宙論，未有本無分爲二截，故動靜亦遂對立。王弼主體用一如，故動非對靜，而動不可廢。蓋言靜而無動，則著無遺有，而本體遂空洞無用。夫體而無用，失其所謂體矣。輔嗣既深知體用之不二，故不能言靜而廢動，故聖人雖德合天地（自然），而不能不應物而動，而其論性情，以動靜爲基本觀念。聖人既應物而動，自不能無情。平叔言聖人無情，廢動言靜，大乖體用一如之理。〔註47〕

聖人「有情」，抑或「無情」，實際言之，是理論體系具體化之彰顯。易言之，即是二人之主張皆各自有一套理論架構爲其內在之撐架，此內在之理論依據即是二人之「體用觀」，故湯氏之觀點，可謂深中問題之肯綮。輔嗣之言體用關係，留待後章詳述，平叔之論點則於前節中已略有論述，今再重新檢視其「體用觀」之理論體架。

　　此一體系間架，可分成三方面言之：其一，何平叔對於天地萬物之存在與活動所提出之解說，乃先分成「無」、「有」兩層，一層是有形有名之具體存在，一層則爲超言絕象之形上之體，二層並非平面性之對舉，也是超越性之區分。其二，此越性區分之兩層關係是有形有名之具體存在，必依憑於超

〔註46〕湯用彤：《魏晉玄學論稿》，頁 76～77。
〔註47〕同前註，頁 86。

乎言象之本體，方能成其爲存在，此本體亦即是「無」，具絕對性、普遍性、恒久性，是天地萬物普遍之第一原理，亦是最初生成演化之母體。此種以分解性之因果追溯方式探求一發生上之最初，而將「無」、「有」割截爲二，以提鍊出一普遍爲萬物憑藉根據之「第一因」，此第一因是就現象上之「然」進一步演繹而得之「所以然」，其名之曰「無」。「無」爲萬物之絕對根據義，爲其所充分彰顯。其三，然其架構之不足處在於：因只有向後返之追溯，而無向前看之傲向，故其本、其體，只是發生之最初，而無生成實現之能力。此離「有」而言之「無」，雖亦可遍天下萬物而言，但只是一既普遍，而又抽象之存在上之所以然，故其爲普遍，乃是抽象性之普遍；其爲體，亦是超隔懸空狀態下之體，無任何具體內容，亦無任何生機妙用，道體「玄之又玄，眾妙之門」之無限活潑性之妙用則蕩然不存。

在魏晉玄學家之觀點中，「聖人」一詞，即是表述「道體之體現者」，而今道體流於抽象化之「純體」，以黑格爾之語彙比況之，即只顯「本體之在其自己」，在聖人身上，可明澈見到其「無累」之純粹化一面，纖塵不染，澄澈見底，然而卻只是一泓波紋不興，鳶魚無飛無躍之死靜，以佛家語況之，即是入於「頑空」與「死寂」，此亦復是「病」，故輔嗣言其「今以其無累，便謂不復應物，失之多矣」，此「聖人無情」之論在義理內涵上之不足也。

第四節 結 語

何平叔以「尋繹故者，又知新者」之態度，首開魏晉玄學「援老入儒」之先鋒，而其會通二家之方式，乃是透過「殊途同歸」、「異於近而同於遠」之演繹，尋究出儒道二家學說雖異相，而其終極旨歸則一，皆一於本體層之「道」，道者，即是「無」與「自然」，非惟二家「殊途同歸」，現象界之一切存在物亦莫不「異於近而同於遠」，皆以「無」爲其存在之形上根據，「天地萬物以『無』爲本」是其所得出之最終結論。

此一宗旨對顯於《道德經》中之「故者」，又有何「新」義存焉？此則可就其說與《道德經》原意之殊義性探求之。

《道德經》中，「道」有實體性、實現性和客觀性，[註48] 然此三性實僅是主觀化境下所顯之姿態，乃主體生命經「致虛」、「守靜」，及「損之又損」

〔註48〕牟師宗三：《才性與玄理》（臺北：學生，1978年），頁177。

之工夫，而達臻「無爲而無不爲」之玄同境界下之觀照，而非有一名之曰「道」、曰「無」之客觀實體，以生化萬物。其對於「道」之理解，則是透過「無」、「有」之雙重性來顯示其玄妙作用，主觀言之，「無」是「無限妙用之心境」，「有」則爲此無限妙用心境之「徼向性」；然就客觀姿態而言，「無」、「有」亦可涵蓋天地萬物，而爲絕對普遍之原則，故四十章云：「天下萬物生於有，有生於無。」首章亦曰：「無名天地之始，有名萬物之母。」「無」、「有」是「道之雙重性」，而爲天地萬物之存在根據，此牟宗三先生在《中國哲學十九講》第五講〈道家之玄理性格〉中有深入之剖析，其大意爲：從天地萬物之始這方面講，名之曰「無」，以「無」爲本。「無」關連著天地萬物而言是向後反（backward），反求其本。「有」關連著天地萬物而言則是向前看（forward），爲萬物生長變化之母（mather ground），是萬物之形式根據。而「無」不能只是「無」，必發而爲「有」，發之即有徼向性，徼向到這裏實現出來就是一個「物」，因之，「有」就是物得以實現之根據。但凡徼向性都有一特定之方向（a certain direction 或 orientation），若停在這徼向上，「有」就脫離了「無」；「有」不要脫離「無」，它發自「無」之無限妙用，發出來又化掉而回到「無」，總是圓圈在轉，故不要拆開分別講「無」講「有」，而是將這個圓圈整體視之，說「無」又是「有」；說「有」又是「無」，有而不有即「無」；無而不無即「有」，「有無」渾一就是「玄」，「玄」是道之具體性，即道之具體而真實之作用。如果停在「無」、「有」任一面，道之具體性就消失，就不能顯出道生天地萬物之妙用。〔註49〕

何平叔之新解，雖就大方向而言，並未太偏離《道德經》之軌轍，但其歧出亦甚爲顯然：一者，其以分解性之因果追溯探求發生上之最初，而得出「無」爲一切存在之形上根據，雖展現了二層域之區分，然因僅有向後返之追溯，而無向前看之徼向，故其本、其體，只是「所以然」之憑藉根據義，而無徼向實現性。故其雖於本體之爲存在之普遍根據義多所抉發，然因其單顯「本體之在其自己」，故就體用架構言之，僅超「有」而通於「無」，卻未能資「無」以歸於「有」，落於單持之邊見，而未臻乎體用圓融渾一之化境，此表現於聖人身上，則只顯「無累」相，而不能顯其「應物無方」之妙藏也。

再者，其論云：「有之爲有，恃無以生；事而爲事；由無以成；……玄以之黑，素以之白，矩以之方，規以之圓」、「陰陽恃以化生，萬物恃以成形，

〔註49〕參見牟師宗三：《中國哲學十九講·第五講道家玄理之性格》，頁96～102。

賢者恃以成德，不肖者恃以免身。」非惟「無」、「有」二層涇渭截然；有名有形、無名無象二域亦界限分明。而依其並列排偶之句法，「有」已非使物實現之徼向性，即非萬物之形式根據，而已淪為與萬物同層之現象層域，「有」即指天地萬物，此種轉變，牟宗三先生《中國哲學十九講・第五講道家玄理之性格》曾加以分析：

> 物與無、有相對，但一出了有，有了徼向，就向著一物而落到物上；所以一般將道家之有和物（thing）連在一起了解。這其實是引申出來的第二義（derivative,secondary meanin），它 primary,original 的意義首先應了解為與無在一起，因為有從無發，所以道有雙重性，而物不是道的性格。無作為天地萬物的本體，有一徼向性就要實現一個物，創造一個東西。一般人一說有就由徼向性落到物上來講，其實在《道德經》中有是萬物之母，用現代的話講就是物的形式根據。〔註50〕

將「有」由物之形式根據義落為現象物，此何晏亦首開風氣，其後裴頠「崇有論」之「有」亦準依此種意涵而立論。

　　上列二端，係就義理內涵之歧義性而言；而從思想史之發展上看，何平叔所展現之「新義」，亦有進於原始道家者：一、「無」、「有」二層，界域分明，本體與現象異質異層，超越性之區分至此已甚為朗然。二、在「道」與「物」之關係上，道漸不顯實體性之姿態，而明朗化為現象界之存在根據義，即是一切存在之本體，且現象層中包羅一切，舉凡具體之「物」，與具象之「事」，乃至圓、方等思維性之概念皆屬之，且皆不能離本體而為存在。三、「賢者恃『無』以成德」，儒家之德性與德業，亦必須以道家之「無」為本體，才能成其為「德」，此種以道家之「道」接枝於儒家之「德」，而產生一套「道體儒用」之體用關係網，即是魏晉玄學家所努力之課題，何平叔是此一學術階段之啼聲初唱者，故在體系上較顯粗略，以致時人以「附會」視之。至於其所開拓之「超『有』通『無』」一面，則確已為魏晉學術開展一嶄新之領域，使輔嗣得以憑藉其「自然拔得」之智，圓滿建構成一套「體用一如」之玄學名理體系。

〔註50〕同前註，頁 101～102。

第二章　王弼之體用論

第一節　引　言

　　在中國哲學史之舞台上，鮮有如王弼般之哲學家，以二十四齡短若飈塵之一生，卻扮演摧枯拉朽、開風立宗之關鍵角色。其革故開新之作為，使後世之人為之目眩，驚絕嘆服者有之，搆責加罪者亦有之；前者稱其「獨冠古今，功不可泯」、「天下之耳目煥然一新，聖道為之復觀」；〔註1〕後者言其「惑世誣民，罪深桀紂」、「崇尚虛無，雜述異端曲說」，〔註2〕毀譽之間，相去雲泥，此雖褒貶者本自有其鮮明立場，然亦可見出王弼學術表現之功過相參也；即使時至千餘年後之今日，其影響依然存而不衰，有欲研尋《老》、《易》之哲理者，未有能不倚重其注解者也。

　　而其「排棄漢儒，自標新學」，〔註3〕「上承漢末淵源，下啓六朝流變」〔註4〕之樞紐處，乃在其於「儒道會通」之主題下，將家道家沖虛玄體之「無」，取代儒家實體性之「道」，進而開展出一個依止於沖虛玄德之主觀境界形態之「體

〔註1〕孔穎達《周易正義‧序》云：「魏世王輔嗣之注，獨冠古今。」（臺北：藝文十三經注疏本，1979年），頁1。又黃宗羲《象數論‧序》評輔嗣注云：「其廓清之功，不可泯也。」黃宗炎亦評王弼曰：「一切掃除，暢以義理，天下之耳目煥然一新，聖道為之復觀。」上二引文參見朱彝尊《經義考》卷十（臺北：中央研究院中國文哲研究所籌備處，1997年），頁196、197。

〔註2〕稅汝權評王弼曰：「惑世誣民，抑何甚哉！」見朱彝尊《經義考》卷十引，頁193。又范甯認為：「王弼何晏，兩人之罪深於桀紂。」語見《晉書》卷七十五〈范甯傳〉（臺北：鼎文，1980年），頁1984。又黃宗炎云：「乃宋儒竟詆之，謂崇尚虛無，雜述異端曲說。」見《經義考》卷十引，頁197。

〔註3〕《四庫全書總目》卷一載《周易正義》十卷，其〈提要〉云：「王弼乘其極敝而攻之，遂能排棄漢儒，自標新學。」（臺北：商務文淵閣四庫影本，1986年）冊一，頁58。

〔註4〕顧炎武：《日知錄》（臺北：文史哲，1979年），頁52。

用圓境」。「道體」之轉接，使兩漢天人感應目的論與讖緯象數之學失去其根源性之憑藉；而體用圓境之開展即爲「儒道會通」絜下堅實之理論基礎，是故「體用圓境」可謂乃其理論體系之核心，而亦爲後人讚譽毀責之焦點所在。

　　本章將以其「體用論」爲中心，首先探討其注《易》解《老》之特色，再就其《老》、《易》二部注解中，尋理其體用圓境之理論體系，進而依其理論系統與展現之圓境規模，尋理其在「儒道會通」之主題上達臻之成就，末則探究其「聖人有情」得以證成之理論依據。

一、生平事略與思想要點

　　王弼，字輔嗣，《三國志》無其傳，僅於卷二十八「鍾會傳」末附上寥寥數語：

> 初，會弱冠與山陽王弼並知名。弼好論儒道，辭才逸辯，注《易》及《老子》，爲尚書郎，年二十餘卒。

裴注引有何劭《王弼傳》，其文曰：

> 弼幼而察慧，年十餘，好老氏，通辯能言。父業，爲尚書郎。時裴徽爲吏部郎，弼未弱冠，往造焉。徽一見而異之，問弼曰：「夫無者誠萬物之所資也，然聖人莫肯致言，而老子申之無已者何？」弼曰：「聖人體無，無又不可以訓，故不說也。老子是有者也，故恒言無所不足。」尋亦爲傅嘏所知。于時何晏爲吏部尚書，甚奇弼，歎之曰：「仲尼稱後生可畏，若斯人者，可與言天人之際乎！」正始中，黃門侍郎累缺，晏既用賈充、裴秀、朱整，又議用弼。時丁謐與晏爭衡，致高邑王黎於曹爽，爽用黎，於是以弼補臺郎。初除，覲爽，請閒，爽爲屏左右，而弼與論道，移時無所他及，爽以此嗤之。時爽專朝政，黨與共相進用，弼通儁不治名高。尋黎無幾時病亡，爽用王沈代黎，弼遂不得在門下，晏爲之歎恨。弼在臺既淺，事功亦雅非所長，益不留意焉。
>
> 淮南人劉陶善論縱橫，爲當時所稱，每與弼語，嘗屈弼。弼天才卓出，當其所得，莫能奪也。
>
> 性和理，樂游宴，解音律，善投壺。其論道，附會文辭不如何晏，自然有所拔得多晏也。頗以所長笑人，故時爲士君子所疾。弼與鍾會善，會論議以校練爲家，然每服弼之高致。

何晏以爲聖人無喜怒哀樂，其論甚精，鍾會等述之。弼與不同，以爲聖人茂於人者神明也，同於人者五情也。神明茂，故能體沖和以通無；五情同，故不能無哀樂以應物。然則，聖人之情，應物而無累於物者也。今以其無累，便謂不復應物，失之多矣。

弼注《易》，潁川人荀融難弼「大衍義」。弼答其意，白書以戲之曰：「夫明足以尋極幽微，而不能去自然之性。顏子之量，孔父之所預在。然遇之不能無樂，喪之不能無哀。又常狹斯人，以爲未能以情從理者也。而今乃知自然之不可革。足下之量，雖已定乎胸懷之內，然而隔踰旬朔，何其相思之多乎？故知尼父之於顏子，可以無大過矣。」

弼注《老子》，爲之《指略》，致有理統。著《道略論》，注《易》，往往有高麗言。太原王濟好談，病《老》、《莊》，常云：「見弼《易》注，所悟者多。」

然弼爲人，淺而不識物情。初與王黎、荀融善，黎奪其黃門郎，於是恨黎，與融亦不終。

正始十年，曹爽廢，以公事免。其秋遇癘疾亡，時年二十四，無子絕嗣。弼之卒也，晉景王聞之，嗟歎者累日，其爲高識所惜如此。〔註5〕

其他相關資料尚有數則：

初，王粲與族兄凱俱避地荊州，劉表欲以女妻粲，而嫌其形陋而用率，以凱有風貌，乃以妻凱。凱生業，業即劉表外孫也。蔡邕有書近萬卷，末年載數車與粲。粲亡後，相國掾魏諷謀反，粲子與焉。既被誅，邕所與書悉入業，業字長緒，位至謁者僕射。子宏，字正宗，司隸校尉。宏，弼之兄也。〔註6〕

孫盛曰：《易》之爲書，窮神知化，非天下之至精，其孰能與於此？世之注解，殆皆妄也。況弼以附會之辨，而欲籠統玄旨者乎？故其序浮義則麗辭溢目，造陰陽則妙賾無閒，至于六爻變化，群象所效，日時歲月，五氣相推，弼皆擯落，多所不關。雖有可觀者焉，恐將泥夫大道。〔註7〕

〔註 5〕《三國志‧魏書》卷二十八〈鍾會傳〉裴注引何劭《王弼傳》，頁795。
〔註 6〕同前註，裴注引《博物記》，頁796。
〔註 7〕同前註，裴注引孫盛語，頁796。

　　正始中，王弼、何晏好莊、老玄勝之談，而世遂貴焉。〔註8〕

由上列之史料記載，可歸納出數項要點：

　　第一：輔嗣之家學淵源：天才之出生並非偶然，尤以「排棄漢儒，自標新學」，關係前後兩期近八百年學術之轉捩性人物，由《博物記》之記載，可得出輔嗣之家系表，及其與劉表一系之姻親關係，與夫蔡邕數車贈書之傳承等：〔註9〕

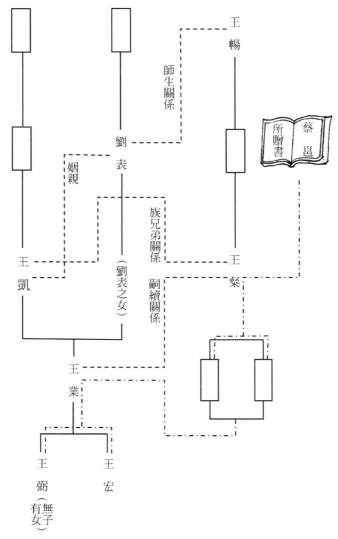

〔註8〕見《世說新語‧文學篇》劉注引《晉陽秋》，《世說新語箋疏》，頁262。

〔註9〕本表部份內容參照林麗真先生之「王弼家系表」，參氏著：《王弼及其易學》（臺北：臺灣大學中文所碩士論文，1977年），頁9。

　　焦循《周易補疏‧序》對輔嗣之家學淵源有詳盡之敘述，其言曰：「東漢末以易學名家者，稱荀、劉、馬、鄭。荀爲慈明爽，劉謂景升表，表之學受於王暢，暢爲粲之祖父，與表皆山陽高平人。粲族兄凱爲劉表女婿，凱生業，業生二子，長宏次弼，粲二子既誅，使業爲粲嗣，然則王弼者，劉表之外曾孫，而王粲之嗣孫，即暢之嗣玄孫也。弼之學蓋淵原於劉，而實根本於暢。宏字正宗，亦撰《易義》，王氏兄弟皆以《易》名，可知其所受者遠矣。」〔註10〕

　　了解輔嗣堅厚之家學根柢，則對於其夙慧早具、才情曠世將不致感到突兀，近代學者每每述及「荊州學風」，由此表正可見出其家系與「荊州學派」具有密切之關連，輔嗣即在其家學中，「上承漢末淵源，下啓六朝流變」。

　　第二：「聖人體之而不言，老子言之而不能體」，是輔嗣會通儒、道二家之中心線索，雖然二家學說所展現之風貌不同，但究極核心皆在於「道」，只是一個以「體現」之方式，直接實踐於德業之用中，另一個則以「言說」之方式，詳細申說「道」之內容意涵。故若能突破表象上之差異，而直扣其會歸之樞紐，則儒、道二家「一」也。

　　第三：「聖人體無，老子是有」，在境界層次之分判上，眞正之聖者是孔子，老子則未入聖域，此種「人品崇儒聖，理趣宗老莊」之玄唱，亦正是魏晉玄學家「陽尊儒聖，陰崇老氏」之一貫作風，如此，既可不悖傳統，復能妙暢玄虛。

　　第四：聖人將「無」體現於人倫日用之中，而體之之「無」不可道，不可訓，是以孔子體之而不言，故臻上乘之聖境，老子止於「有」之境界而嚮往「無」，但因言之而不能體，故未入聖域。

　　第五：以孔子爲聖人，本亦有其義理上之必然性，此可充分顯示出其體用觀上之極致，唯能有無圓融，體用如一，方是究極圓實之境。故聖人體無而用有，禮樂之彰，教化之行，皆是自「體」所發之「用」，亦是自「無」所生之「有」，能妙會此「體不離用，用不離體」之圓融關係，則天人不即不離之妙諦方可全幅闡發，亦即其能深透抉發此「體不離用，全體是用；用不離體，全用是體」之妙體，而非抽象、孤絕性之本體，此種體用一如之圓境在輔嗣之理論系統中被充分闡發與證成，故何平叔讚其「可與言天人之際」。

　　第六：自體用一如之圓境擴而充之，則自然而然衍出「聖人有情」之主

〔註10〕　焦循：《周易補疏‧敘》，收錄於楊家駱主編「中國學術名著第六輯」《十三經注疏補正》第一冊《周易注疏及補正》（臺北：世界，1962 年），頁 1。

張，體無而用有，故應物而復無累於物，此種圓實之境，表現出極樂不在彼岸，而是在具體真實之當下中。聖人並非不苟言笑之人，而亦是與凡人同類之有情眾生，只不過是其能「出乎其類，拔乎其萃」而已，而關鍵處即在於其能「體沖和以通無」。

總此數項，可略見出輔嗣之家學根源與思想要點，在儒道會通之主題上，輔嗣首度展現一個圓整性之理論體系，亦為魏晉玄學「道體儒用」之體用觀立下一個完整之規模，本章將在下小節敘述其著作與特色後，詳細論述其圓境規模中體用之關係網絡。

二、學術著作與特色

輔嗣之著作，歷代著錄者有：

《周易注》六卷：《經典釋文・敘錄》

《易略例》一卷：《經典釋文・敘錄》

《周易大衍論》三卷：《新唐書・藝文志》

《周易窮微論》一卷：《通志・藝文略》

《易辨》一卷：《宋史・藝文志》

《論語釋疑》三卷：《經典釋文・敘錄》

《老子道德經注》二卷：《隋書・經籍志》

《老子指略》二卷：《經典釋文・敘錄》、《新唐書・藝文志》

《集》五卷：《隋書・經籍志》

今日尚存者則有：

（一）《周易注》，此書祖承費氏「以傳解經」之成規，又擯落象數，純玄理解易，而自始即與鄭氏《易》相抗衡，《北史・儒林傳・序》文曰：「江左，《周易》則王輔嗣，……河洛，……《周易》則鄭康成。」〔註11〕《隋書・經籍志》亦云：「梁陳鄭玄、王弼二注，列於國學。齊代唯傳鄭義。至隋，王注盛行，鄭學浸微，今殆絕矣。」〔註12〕至唐，孔穎達以為「魏世王輔嗣之注，獨冠古今」，選為《五經正義》中之官學標準本後，輔嗣之注遂定於一尊。

（二）《周易略例》。

〔註11〕《北史・儒林傳》（臺北：鼎文，1980 年），頁 2709。

〔註12〕《隋書・經籍志》（臺北：鼎文，1980 年），頁 913。

　　（三）《老子道德經注》。

　　（四）《老子指略例》，《舊唐書‧經籍志》未標作者，《新唐書‧藝文志》
始標「王弼著」，《宋史‧藝文志》及《通志‧藝文略》亦均作王弼著。宋末
以後佚失，近人王維誠據《雲笈七籤》中「老君指歸略例」及《道藏》中「老
子微指略例」輯成《老子指略》，認為即輔嗣《老子指略例》之佚文。〔註13〕

　　（五）《論語釋疑》，唐後佚失，部分佚文保留於邢昺《論語集解正義》
和皇侃《論語集解義疏》中。

　　由著作顯示，其學術志趣與萃精殫思之方向與何平叔甚為相似，如二人
皆注《老子》，唯王注精奇，何神伏而改注為論。平叔有《論語集解》，輔嗣
亦作《論語釋疑》。王注《周易》，何亦有《周易何氏解》。大體言之，輔嗣較
用心於《周易》與《老子》，平叔則較殫精於《論語》、《老子》。而《易》、《老》、
《論》三書皆用心精習，則為正始時期之特色，二人雖開援道入儒之風，然
儒學仍不失其主流地位，故平叔之《論語集解》、輔嗣之《周易注》，皆代表
一世之經學，造詣甚精，雖於儒學本義有未必全然切合處，然其精要不可掩，
故被採列為《十三經注疏》中之注本。

　　前章述及何平叔以道家之「虛」說解顏回之「屢空」，首揭援道入儒之序
幕，輔嗣對於孔子所不言之「性與天道」，則以「聖人體之而不言，老子言之
而不能體」之原則會而歸之，故其注《論語‧述而篇》「志於道」時曰：

　　　道者，無之稱也，無不通也，無不由也。況之曰道，寂然無體，不
　　　可為象。〔註14〕

輔嗣一方面在形式意義上表述道「無不通，無不由」、「不可為象」；一方面又指
謂其內容是「無之稱」、是「寂然無體」；「無之稱」者，道的稱謂就是「無」；「寂
然無體」者，以「寂然」之「無」為「體」。其注「大哉堯之為君也」條亦云：

　　　若夫大愛無私，惠將安在？至美無偏，名將何生？故則天成化，道同
　　　自然，不私其子而君其臣，凶者自罰，善者自功，功成而不立其譽，
　　　罰加而不任其刑。百姓日用而不知所以然，夫又何可名也！〔註15〕

從「無私」而言「大愛」，「無偏」而言「至美」，功成「不立其譽」，罰加「不

〔註13〕另嚴靈峰先生亦由《道藏》正乙部檢出該書，並加校字，收錄於《無求備齋
　　　　老子集成》初編第二函，（臺北：藝文，1970年）。
〔註14〕《論語正義》邢昺疏引，（臺北：藝文，1981年），頁60。
〔註15〕皇侃：《論語集解義疏》引，（臺北：商務文淵閣四庫影本，1986年），第一九
　　　　五冊，頁412。

任其刑」，皆是以遮爲詮；而「道」即是「自然」，以「自然」爲「道」，乃是老子之思想，《道德經》二十五章云：「人法地，地法天，天法道，道法自然」，輔嗣注解「道法自然」云：「道不違自然，乃得其性，法自然也。法自然者，在方而法方，在圓而法圓，於自然無所違也。自然者，無稱之言，窮極之辭也。」〔註16〕意謂著「無爲」之「道」，乃是以不刻意、不造作、「自然而然」爲其行爲之準則，今以道家「自然」之理境，詮解堯德「百姓日用而不知所以然」，此較何平叔之訓解又邁前一大步矣。

而除援《老》入《論》外，輔嗣亦援《老》入《易》，「復卦」象辭「復其見天之心乎」，其注曰：

> 復者，反本之謂也。天地以本爲心者也。凡動息則靜，靜非對動者也；語息則默，默非對語者也。然則天地雖大，富有萬物，雷動風行，運化萬變，寂然至无是其本矣。故動息地中，乃天地之心見也。
> 若其以有爲心，則異類未獲具存矣。〔註17〕

「天地萬物以『無』爲本」，何平叔僅在「道論」中引出其論旨，輔嗣則於儒經中揭櫫此玄義，使其《易》學既帶有以象象解經之儒門義理，又含藏老氏「以無爲本」之道家玄理，二流交融，成爲其義理之新《易》學，亦是玄理之新《易》學。故謂「以老氏有無論《易》者，自王弼始」。〔註18〕

冶儒、道思想於一爐，是魏晉玄學之主要特色，亦是輔嗣著作中斐然展現之大成績，其精蘊可一言以蔽之，即「體用一如，本末不二」，此種體用圓境在其注《易》解《老》時暢發無遺，其理論體系於下節解析之。

第二節　體用如一，本末不二

就義理內涵與規模而言，王弼實爲不世出之逸才，非惟「體」「用」這一對概念爲其所肇創，體用關係之特殊網絡亦經其抉發而深切著明，境界形態

〔註16〕樓宇烈：《王弼集校釋》（臺北：華正，1992年），頁65。
〔註17〕樓宇烈：《王弼集校釋》，頁336。
　　　　筆者案：爲免引文過於繁冗，後文凡徵引王弼：《道德經注》、《老子指略》、《周易注》、《周易略例》，或韓伯《繫辭》、《說卦》、《序卦》、《雜卦》等篇之注，若爲方塊引文，將直接於引文之後標明頁碼；如於內文中以引號徵引，唯恐影響敘述文脈，則仍以註文交代出處與頁碼。
〔註18〕晁說之：《嵩山文集》（臺北：商務四部叢刊續編，1966年），卷十三，第122冊，頁2下。

形上學之特殊底蘊，亦在其學說中作了充分之開展，而概念之豐富性更令人
幾有空絕之嘆，諸如：母、子，本、末，一、多，常、變，靜、動，性、情，
因、反等，或孤明先發，自創新辭，以表達其清晰之理念；或默識神悟，因
仍舊貫，而更賦予新穎之意涵。諸概念在其義理系統中亦層次分明，多而不
紊，本節特綜理其說，逐次論列。在引文討論中，《周易·繫辭》上下雖非輔
嗣所注，而韓康伯「清和有思理」，〔註19〕其對輔嗣之義理，亦能嫻熟精透，
可謂如出一轍，故以同一系統視之，不另具名，特先註明。

一、物無妄然，必由其理，統之有宗，會之有元

　　何平叔循「殊途同歸，一致百慮」之原則，尋繹出萬物之元會在於本體
之「無」，王輔嗣亦依「睽而知其類，異而知其通」〔註20〕之方式，探究出萬
象之品物，皆會歸極致於一個「宗主」：

>　事有宗而物有主，途雖殊而其歸同也，慮雖百而其致一也。道有大
>　常，理有大致。執古之道，可以御今；雖處於今，可以知古始。(《道
>　德經》四十七章注，頁126)

事之「宗」與物之「主」，並非意指如西洋神學中創造天地萬物之「造物主」，
而是言事物之存在，其所以可能，乃是有一超越根據之故，因此一根據，方
使存在物成其為存在，故一物既已存在，其存在本身即非「妄然」，皆有理則
性可尋，此即：「物无妄然，必由其理。統之有宗，會之有元，故繁而不亂，
眾而不惑。」〔註21〕此一理則性就每一存在物而言，是不可移易之必然性，
除非其為「妄然」之物，然既已為具體存在之物，即不可能是妄然物，故此
理則性亦是普遍化之自然性，具普遍性之必然理則意指現象界雖萬象紛紜，
變化無窮，而其然，必有一使之然之「所以然者」，此「所以然者」即品制萬
變之存在根據，故其又云：

>　故自統而尋之，物雖眾，則知可以執一御也；由本以觀之，義雖博，
>　則知可以一名舉也。故處璇璣以觀大運，則天地之動未足怪也；據
>　會要以觀方來，則六合輻輳未足多也。……品制萬變，宗主存焉。(《周
>　易略例·明象》，頁591)

〔註19〕《晉書·韓伯傳》(臺北：鼎文，1987年)，頁1993。
〔註20〕《周易略例·明爻通變》，《王弼集校釋》，頁597。
〔註21〕《周易略例·明象》，《王弼集校釋》，頁591。

統而尋之，會而觀之，物類雖眾，可以執一以御之，運化萬端，亦可以推本
以言之，存義廣博，亦可以一名以舉之，此可以舉之、御之之「一」，乃使物
得以實現其存在之「本體」。本體之稱，在今日乃一合義性複詞之通稱，在輔
嗣之義理系統中，則隨其不同所在，而有殊稱，或言之為「無」，或稱之為「體」，
或謂之為「道」，或字之為「本」、為「母」、為「一」、為「極」、「宗極」、「太
極」、「宗」、「主」……等，異言殊稱，其究極意涵皆相蘊攝。而意指雖同，
既已隨文舉義，其間所因所重，亦微有區別，故「隨其所因，各有稱焉」：

> 凡物之所以生，功之所以成，皆有所由。有所由焉，則莫不由乎道
> 也。故推而極之，亦至道也。隨其所因，故各有稱焉。(《道德經》
> 五十一章注，頁137)

「所因」不一，故稱謂亦殊，《老子指略》亦曰：「稱必有所由」，如稱之曰「道」
者，「取乎萬物之所由也」，〔註22〕「道者，物之所由也。」「言『道』取於無
物而不由也。」，〔註23〕其《論語釋疑》亦云：「道者，無之稱也，無不通也，
無不由也。」〔註24〕故知王注雖殊謂異稱，然其每一稱謂之意涵亦皆依稱舉
義，絕無紊然混漫者也。

「統而舉之」，則意旨皆同，「別而敘之，各隨其義」〔註25〕殊言異稱，
係出於「因由」有別，即著重面不同所致，而綜合諸稱之意涵，即是「本體」
一辭之描述義蘊，而細究輔嗣義理體架，殊謂異稱，依稱舉義，雖可形成一
廣涵面之描述性義蘊，然此義蘊並不能盡「本體」一辭之精蘊與全蘊，其全
幅義蘊之展現在於舉道而不遺物，道即在物中；言無必不離有，無因於有；
舉一而不捨多，一多不離；執本而不棄末，本即於末。故其大衍義曰：

> 演天地之數，所賴者五十也。其用四十有九，則其一不用也。不用
> 而用以之通，非數而數以之成，斯易之太極也。四十有九，數之極
> 也。夫无不可以无明，必因於有，故常於有物之極，而必明其所由
> 之宗也。(《周易‧繫辭傳》注，頁547)

此萬物存在根據之體是不用之「一」，是「非數」，雖不用，而凡用必「以之
通」，雖非數，而諸數皆「以之成」，體虛而用實，虛非實，然無虛不足以運

〔註22〕《老子指略》，《王弼集校釋》，頁196。
〔註23〕《道德經》五十一章、二十五章注，《王弼集校釋》，頁137、63。
〔註24〕《論語‧述而篇》「志於道」條邢疏引，(臺北：藝文十三經注疏本，1981年)，
　　　頁60。
〔註25〕《周易‧乾卦‧文言傳》注，《王弼集校釋》，頁216。

實；體無而用用有，無非有，然非無不足以生有。而其所言之體，雖以「太極」稱，以「無」爲言，而諸種稱謂，皆非隔絕單顯之體，而是成用之體，體即在用中，用亦是由體所繁興之用，故是承體而起之用，非離體之用。體在用中，用因體顯。體非用，而體不離用；用非體，而用不離體，體用不即不離，如此交應成一個體用無間之義理圓境。體、用皆在此圓境中而有具體而眞實之意義，斯乃輔嗣之絕倫，而爲思想史上之一大轉進也。下列數節將就其分解性之不離二邊，以闡釋體、用，無、有，本、末，母、子……等諸對對顯性概念，交織成一廣涵面之認知性意涵，體之所以爲體，與用之所以爲用，其豐富之意蘊與特性皆在總持性之分別中得以詳盡。

輔嗣體用如一、本末不二之圓唱，雖非以雙遣二邊、不離二邊之非分別說〔註26〕方式證成，此因其隨順《道德經》一書作注，《道德經》一書既多分解方式之撐架，〔註27〕輔嗣之注自不能轉分解而爲辯證之融化，然在其分解之關係中，體無用有，守母存子，崇本舉末，執一統眾，知常御變，存靜制動等，亦在分別性之總持中盡其體用關係不即不離之特殊網絡，此層底蘊既明，辯證性融化之奧義自然易於參會也。

二、無不可以無明，必因於有

現象界之萬物，其所以得以生、得以成，皆因有本體故，而此本體，或以「無」爲稱，如：

> 天下之物，皆以有爲生。有之所始，以無爲本。（《道德經》四十章注，頁 110）

> 然則天下雖大，富有萬物，雷動風行，運化萬變，寂然至无是其本矣。故動息地中，乃天地之心見也。若其以有爲心，則異類未獲具存矣。（《周易‧復卦》注，頁 337）

何以稱天地萬物之本體爲「寂然至無」，此因其混然無形，寂寥無體，不可得而見，亦不可得而名，是一「無狀之狀，無象之象」，但不可因其無狀無象，

〔註26〕 「分別說」與「非分別說」原爲佛教辭語，牟師宗三先生在闡發中國哲學中之圓教系統時，曾詳細辨明二種言說之不同方式，及其與圓教系統之表達模式間之關係。請參《中國哲學十九講》第十六講〈分別說與非分別說以及「表達圓教」之模式〉，頁 331～366。

〔註27〕 《道德經》採分解性之講法，請參牟師宗三《才性與玄理》第六章〈向郭之注莊〉中「老莊之同異」一節（臺北：學生，1978 年），頁 172～180。

遂言其不存在：

> 谷神，谷中央無者也。無形無影，無逆無違，處卑不動，守靜不衰，
> 物以之成而不見其形，此至物也。處卑守靜不可得而名，故謂之玄
> 牝。門，玄牝之所由也。本其所由，與太極同體，故謂之「天地之
> 根」也。欲言存邪，則不見其形；欲言亡邪，萬物以之生。（《道德
> 經》六章注，頁 16）

窈冥深遠，不可得而見；混然無形，不可得而名，然萬物由之以生以成，且
周行遍在，無所不通，亦靡所不至，故其「無」之稱，乃無形無名，無狀無
象，苞通天地，無使不經，遍一切存在而爲言，故《老子指略》曰：

> 夫物之所以生，功之所以成，必生乎無形，由乎無名。無形無名者，
> 萬物之宗也。不溫不涼，不宮不商。聽之不可得而聞，視之不可得
> 而彰，體之不可得而知，味之不可得而嘗。故其爲物也則混成，爲
> 象也則無形，爲音也則希聲，爲味也則無呈。故能爲品物之宗主，
> 苞通天地，靡使不經也。（頁 195）

道以無形始物，方能不繫於成物，如若有形有象，有音有聲，則非宮即商，
不炎則寒，已成爲現象界之定類，既爲定類則爲甲必不爲乙，異類將不獲具
存，故「可道之盛，未足以官天地；有形之極，未足以府萬物。」〔註 28〕至
如具遍在性之本體，「在象則爲大象，而大象無形；在音則爲大音，而大音希
聲。物以之成，而不見其形，故隱而無名也。」〔註 29〕

　　無形無名，無狀無象，苞通天地，無物不經，雖能表述「無體」之屬性意
涵，但僅是由萬物向後退，追溯其總持性之始與本，此尙不能曲盡道之具體與
眞實性意蘊，因道除向後返之「無」性外，亦有向前看之「有」性，此「有」
性即道之徼向性，道體徼向之，而使物終成之與實現之，《老子指略》曰：

> 然則，四象不形，則大象無以暢；五音不聲，則大音無以至。四象
> 形而物無所主焉，則大象暢矣；五音聲而心無所適焉，則大音至矣。
> （頁 195）

本體之「無」並非抽象物，亦即非死無，必發而爲「有」，方能顯其妙用，一
發即有其徼向性，物即在此徼向之「有」性中實現。故《道德經》首章注云：

> 凡有皆始於無，故未形無名之時，則爲萬物之始。及其有形有名之

〔註 28〕《老子指略》，《王弼集校釋》，頁 196。
〔註 29〕《道德經》四十一章注，《王弼集校釋》，頁 113。

時，則長之、育之、亭之、毒之，爲其母也。言道以無形無名始成

萬物，萬物以始以成而不知其所以然，玄之又玄也。（頁 1）

此段「萬物以始以成」句過於簡略，牟師宗三先生《才性與玄理》分三層立說：「言道以無形無名始萬物，以有形有名成萬物，以始以成，而不知其所以，玄之又玄也。」〔註30〕如此則道之「無」性、「有」性，與「無而不無，有而不有，無有合一」之「玄」，如此方顯「道」無限玄妙之眞實作用，「道」與「物」之關係始昭顯明暢。

徼向之「有」性係由道體而發，發而使物終成之、實現之，長、育、亭、毒，即是此終成實現之步程，其始則始於「無」，其成則成於「有」，「無」非死無，必徼而爲「有」，「有」非定有，必後返於無，徼之返之，返之徼之，渾圓爲一，此動態性之渾圓乃謂之「玄」：

兩者，始與母也。同出者，同出於玄也。異名，所施不可同也。在首則謂之始，在終則謂之母。玄者，冥默無有也，始、母之所出也。不可得而名，故不可言同名曰玄。而言同謂之玄者，取於不可得而謂之然也。不可得而謂之然，則不可以定乎一玄而已。若定乎一玄，則是名則失之遠矣。故曰「玄之又玄」也。眾妙皆從玄而出，故曰「眾妙之門」也。（《道德經》一章注，頁 2）

「無」「有」二性，渾同爲一，是之謂「玄」，「無」爲所承之體，「有」是所發之徼，二性圓應無方，眾妙如如而出，萬物則在此妙用中終成實現，故曰：「玄之又玄，眾妙之門」。玄妙玄徼，有無圓融，言妙必含徼，言徼已賅妙，二義渾同，圓妙爲一，道之具體性與眞實性意涵即在此渾一網絡中昭然確立。

「寂然至無」之體，除意指無狀無象、無形無名，苞通天地，無物不經外，又意謂無執無爲之旨，《道德經》本有「爲者敗之，執者失之」、「道常無爲而無不爲」、「生而不有，爲而不恃，長而不宰」〔註31〕之妙義，輔嗣之注更能承其說而闡明其意旨，蓋前段所論：無有之玄，妙生萬物，其爲萬物之存在根據義，已可得而明之。然「無」之爲體，並非客觀實有之體，其客觀性與實體性意義本只是一虛擬之姿態，此姿態是自主觀境界而發，主體生命契顯無執無爲理境，在此理境下亦可關連於萬物，而對天地萬物有所說明，但其說明並非主客體對立下之認知性說明，而是天地萬物依止於主體生命，

〔註30〕牟師宗三：《才性與玄理》，頁 131。

〔註31〕《道德經》二十九章、三十七章、五十一章，《王弼集校釋》，頁 77、91、137。

「一起一切起，一止一切止」之證悟下而有之說明，是主觀義境界形態下之說明，非視道為一客觀實體，以之說明一切存在也。

　　對天地萬物之說明既是主觀境界下之說明，則本體雖具普遍性，可遍一切存在而為其根據，但其究極意涵仍繫屬於主體生命所契顯之自由無限心上，故本節前數段雖闡析道在「無」、「有」二性玄同妙用中生畜長育萬物，而歸結出道之具體性與真實性意義，然皆僅就道之實體性與客觀性之姿態為言，尚未明其實義，故此段經由「道以無形無為成濟萬物」，〔註32〕進一步探討「無執無為」之內在意涵，《道德經》五章注曰：

> 天地任自然，無為無造，萬物自相治理，故不仁也。仁者必造立施化，有恩有為。造立施化，則物失其真。有恩有為，則物不具存。物不具存，則不足以備載。天地不為獸生芻，而獸食芻；不為人生狗，而人食狗。無為於萬物而萬物各適其所用，則莫不贍矣。若慧由己樹，未足任也。（頁 13）

天地無為無造，萬物自適自理，苟其有恩有為，乃必造立施化，若是則物受干涉而失其真，且有恩有為終是有限之作為，故物不能具存。故道為無為無造，如是天地萬物皆同之而以自然運，故其注又曰：

> 沖而用之，用乃不能窮。滿以造實，實來則溢。故沖而用之又復不盈，其為無窮亦已極矣。形雖大，不能累其體；事雖殷，不能充其量。萬物舍此而求主，主其安在乎？不亦淵兮似萬物之宗乎？銳挫而無損，紛解而不勞，和光而不汙其體，同塵而不渝其真，不亦湛兮似或存乎？地守其形，德不能過其載；天慊其象，德不能過其覆。天地莫能及之，不亦似帝之先乎？（《道德經》四章注，頁 11）

無為無造之用，係出於沖虛之體，本體沖虛，故其用得以不窮，雖有徼向，亦必即徼向之，即沖虛之，故得無窮至極，含包眾妙，若體非沖虛，則其有將非玄體之徼向，而為定有；用亦非妙用，而為定用，定有定用，則偏落一方，一往不返，失其為妙矣！斯即「滿以造實，實來則溢」，非無窮至極者也，正末歸本之道，則必「以無為用」：

> 以無為用，則莫不載也。故無焉，則無物不經；有焉，則不足以延其生。是以天地雖廣，以無為心；聖王雖大，以虛為主。（《道德經》

〔註32〕《道德經》二十三章注，《王弼集校釋》，頁 58。

三十八章注，頁 93）〔註33〕

用自體發，無為無造之用，乃自沖虛之體而來，故「雖貴以無為用，不能捨無以為體也。捨無以為體，則失其為大矣。」事實上，自究極處言之，「體」、「用」本渾一，既「以無為用」，則自然已以沖虛為體，故曰：「以無為用，則得其母。」〔註34〕

　　無性之妙，有性之徼，乃道之雙重性，二性相合謂之曰「玄」，萬物在其妙用中生之長之，故云萬物舍道而求主，主將安在？道為萬物之宗主，而其又以沖虛為體，無為為用，則其為主，是何樣態之主？其為生，亦是何種形態之生？《道德經》十章注曰：

> 不塞其原，則物自生，何功之有？不禁其性，則物自濟，何為之恃？物自長足，不吾宰成，有德無主，非玄而何？凡言玄德，皆有德而不知其主，出乎幽冥。（頁24）

不塞其原，不禁其性，則物自生自濟，此種「不生之生」，「不主之主」，乃道生萬物，為萬物之「宗主」之諦義，易言之，亦是無為無造，「蕩然任自然」：

> 天地之中，蕩然任自然，故不可得而窮，猶若橐籥也，愈為之則愈失之矣。物樹其慧，事錯其言，不慧不濟，不言不理，必窮之數也。橐籥而守數中，則無窮盡。棄己任物，則莫不理。若橐籥有意於為聲也，則不足以共吹者之求也。（《道德經》五章注，頁13）

道棄己任物，沖虛無為，則萬物自相治理，若其有意於為聲，則何足以供吹者之求邪？不禁不塞，則物自生自滅。如此則顯見出道非一客觀實有，而為人主觀修證所契顯之理境，人抱樸無為，空虛其懷，不以物累真，不以欲害神，「則物自賓而道自得」：

> 樸之為物，以無為心也，亦無名。故將得道，莫若守樸。夫智者，可以能臣也；勇者，可以武使也；巧者，可以事役也；力者，可以重任也。樸之為物，憒然不偏，近於無有，故曰「莫能臣」也。抱樸無為，不以物累其真，不以欲害其神，則物自賓而道自得也。（《道德經》三十二章注，頁81）

〔註33〕此段注文，樓氏校釋本依原文作「……故物，無為，則無物不經；有為，則不得免其生。……」義理不暢，故依牟師宗三先生義解，視「物」為衍文，「免」字為「延」之訛。參《才性與玄理》，頁165。

〔註34〕《道德經》三十八章注，《王弼集校釋》，頁94。

人抱樸守道,無任無爲,不禁則暢,不塞即開,物自然而生,自然而濟,自然長足,是之謂「玄德」,「凡言玄德,皆有德而不知其主,出乎幽冥。」物既生矣、濟矣、長矣,此非有德而何!而其爲德,乃不禁其性,不塞其原,無生以生,無爲以爲,如此則何主之有。故曰有德無主,出乎幽冥者,不知其所自出也。

三、守母存子

「母」、「子」這對概念,《老子》中本已有之,其五十二章曰:「天下有始,以爲天下母。既得其母,以知其子;既知其子,復守其母,沒身不殆。」在此章中,「母」、「子」對舉,而「母」即是「始」。然其首章又云:「無,名天地之始;有,名萬物之母。」「無」與「有」,「始」與「母」相對爲文。前章中,「母」既與「子」對舉,與「始」同義,而何以在後章又與「始」對揚?實則此間並無矛盾,前小節中述及道之雙重性,即「無」性之妙與「有」性之徼,二性合之,是之謂「玄」,萬物在「玄之又玄」之眾妙中生成長足,「玄」即是具體眞實性之「道」,而「始」、「母」二者,一者指稱其純體未發之「始」,一者表識其發露徼向之「終」,故《道德經》首章注曰:「兩者,始與母也。同出者,同出於玄也。異名,所施不可同也。在首則謂之始,在終則謂之母。玄者,冥默無有也,始、母之所出也。」〔註35〕「始」、「母」皆就道體而言,以分解的方式析別爲「始」、「終」二性,「始」爲沖虛玄妙之「無」,是後返言之之純體,而「無」非死無,必有所發,發之而有徼向端倪,使物實現,此徼向端倪即是爲終之「有」,故「有」是自道體處向前看,關連於萬物而爲萬物之形式根據。故分解以言道體,則有「始」與「母」、「無」與「有」之雙重特性,若融化以言之,則稱之爲「玄」,是萬物成濟實現之超越根據。在異名「所施不可同」中,「始」、「母」二者信然有別,然其別是在分解之方式下以剖析道體之二面特性,在具體眞實之妙用中,則「始」與「母」、「無」與「有」交融爲一,萬物因之以始以成,是時「始」即是「母」,「母」亦是「始」,是道體玄妙玄徼渾圓爲一之作用。

「始」、「母」渾圓爲一,道體之靈妙寓焉,是時雖單以「母」稱,而其爲「母」,渾同玄妙,不徼不昧,不可以一性定之,故《老子指略》曰:「五

〔註35〕《道德經》首章注,《王弼集校釋》,頁2。

物之母，不炎不寒，不柔不剛；五教之母，不皦不昧，不恩不傷。雖古今不同，時移俗易，此不變也。」〔註36〕在《道德經》二十五章中，本直接以「道」稱之：

> 有物混成，先天地生，寂兮寥兮，獨立不改，周行而不殆，可以為天下母。吾不知其名，字之曰道，強為之名曰大。大曰逝，逝曰遠，遠曰反。（頁63）

何以稱道「可以為天下母」？「母」、「子」皆是具體字，一為生之者，一為被生者，以「母」、「子」象徵道與天地萬物之關係，亦猶曰「道生一，一生二，二生三，三生萬物」，其「生」是消極表示之生，是超越意義之生，〔註37〕故其為「母」，亦是萬物之超越根據意義之象徵，《道德經》三十九章注曰：

> 一，數之始而物之極也。各是一物之生，所以為主也。物皆各得此一以成，既成而舍以居成，居成則失其母，故皆裂、發、歇、竭、滅、蹶也。
>
> 各以其一，致此清、寧、靈、盈、生、貞。
>
> 用一以致清耳，非用清以清也。守一則清不失，用清則恐裂也。故為功之母不可舍也。是以皆無用其功，恐喪其本也。清不能為清，盈不能為盈，皆有其母，以存其形。故清不足貴，盈不足多，貴在其母，而母無貴形。（頁105～106）

此段闡發「母」與「子」之體用關係，其要點有三：一、現象之用皆由本體以發致之，以成其為用，無體，則用不得為用，故「用一以致清耳，非用清以清也」。二、能守本體，則用自然不失，故子不足貴，貴在為本之母。三、用因體成，若捨體以居用，則失其母，失母之子皆將裂、發、歇、竭、滅、蹶，故「為功之母不可舍」。

「物無妄然」，必由其理」，本來，就存在物而言，其存在皆具理則性，即有一所以然而使之然者，故就存在本身言之，皆無妄然，因「物皆各得此一以成」，故天之清，地之寧，神之靈，谷之盈，萬物之生，侯王之為天下貞，皆用「一」以致之。

「用」以「體」成，「體」因「用」顯，就究極義言之，無不能發「用」

〔註36〕《老子指略》，《王弼集校釋》，頁195。

〔註37〕「生」字之超越意義與消極表示意涵，請參牟師宗三：《才性與玄理》，頁155～164。

之「體」，亦無非承「體」而來之「用」，故舉體言之，則爲發「用」之「體」；舉用言之，則爲承「體」之「用」，此爲「體用」之眞實義諦，亦猶物皆得「一」以成其爲物。

　　然物由「一」以成，既成，卻不必然能守「一」不失，苟不能守一不失，則將捨「一」以居「成」，居成則失其所以然之母，既失其母，將流失不返，招致裂滅。

　　「用」本由「體」發，然人亦不必然能守「體」不失，既失爲本之「體」，則亦將流失不返，斯即所謂「失道而後德，失德而後仁，失仁而後義，失義而後禮」（《老子》三十八章），既至於禮，則已是「忠信之薄而亂之首」也。及至乎此，則巧僞滋生矣。

> 本在無爲，母在無名。棄本捨母，而適其子，功雖大焉，必有不濟；
> 名雖美焉，僞亦必生。（《道德經》三十八章注，頁 94）

巧僞滋蔓，災亂叢生，此皆因「棄本捨母，而適其子」所致，治之之道，不在「聰明聖智」：

> 前識者，前人而識也，即下德之倫也。竭其聰明以爲前識，役其智力以營庶事，雖得其情，姦巧彌密，雖豐其譽，愈喪篤實。勞而事昏，務而治薉，雖竭聖智，而民愈害。（《道德經》三十八章注，頁94～95）

愈竭聰明，姦巧彌密；愈營聖智，民害愈烈，此皆「用子棄母」之故，濟之之途，則在「既知其子」，而必「復守其母」：

> 夫城高則衝生，利興則求深。苟存無欲，則雖賞而不竊；私欲苟行，則巧利愈昏。故絕巧棄利，代以寡欲，盜賊無有，未足美也。夫聖智，才之傑也；仁義，行之大者也；巧利，用之善也。本苟不存，而興此三美，害猶如之，況術之有利，斯以忽素樸乎！故古人有歎曰：甚矣，何物之難悟也！既知不聖爲不聖，未知聖之不聖也；既知不仁爲不仁，未知仁之爲不仁也。故絕聖而後聖功全，棄仁而後仁德厚。夫惡強非欲不強也，爲強則失強也；絕仁非欲不仁也，爲仁則僞成也。有其治而乃亂，保其安而乃危。後其身而身先，身先非先身之所能也；外其身而身存，身存非存身之所爲也。功不可取，美不可用。故必取其爲功之母而已矣。篇云：「既知其子」，而必「復守其母」。尋斯理也，何往而不暢哉！（《老子指略》，頁199）

「既知其子」，子者，聖智仁義，諸凡德目之稱也。知者。知其只是功，而非「爲功之母」也。其欲得存，則必「復守其母」。母者，沖虛玄德之無，素樸無爲之道也。能守其母，則知「聖之爲不聖，仁之爲不仁」，如此則聖功可全，仁德可厚。故其「絕聖棄智，絕仁棄義」，並非在實有層中否定聖、智、仁、義，而是以「守母存子」之方式保存之，其云：

> 舍己任物，則無爲而泰。守夫素樸，則不順典制。耽彼所獲，棄此所守，故前識者，道之華而愚之首。故苟得其爲功之母，則萬物作焉而不辭也，萬事存焉而不勞也。用不以形，御不以名，故仁義可顯，禮敬可彰也。夫載之以大道，鎮之以無名，則物無所尚，志無所營。各任其眞，事用其誠，則仁德厚焉，行義正焉，禮敬清焉。棄其所載，舍其所生，用其成形，役其聰明，仁則尚焉，義則競焉，禮則爭焉。故仁德之厚，非用仁之所能也；行義之正，非用義之所成也；禮敬之清，非用禮之所濟也。載之以道，統之以母，故顯之而無所尚，彰之而無所競。用夫無名，故名以篤焉；用夫無形，故形以成焉。守母以存其子，崇本以舉其末，則形名俱有而邪不生，大美配天而華不作。故母不可棄，本不可失。仁義，母之所生，非可以爲母。形器，匠之所成，非可以爲匠也。捨其母而用其子，棄其本而適其末，名則有所分，形則有所止。雖極其大，必有不周；雖盛其美，必有患憂。功在爲之，豈足處也。」〔註38〕（《道德經》三十八章注，頁95）

能載以大道，鎮以無名之樸，則仁德可厚，行義可正，禮敬可清。而「仁德之厚，非用仁之所能；行義之正，非用義之所成；禮敬之清，非用禮之所濟」，蓋用子不足以存子，唯能「復守其母」，方可以存其子。而能守母存子，崇本舉末，則可「形名俱有而邪不生，大美配天而華不作」。〔註39〕

老子對道、德、仁、義、禮之逐次淪落，有一痛切之反省，此乃因周代禮文疲弊之特殊機緣而起，而在其反省中，防微杜漸之途在於不失「道」，故發而爲「絕聖棄智，絕仁棄義」之智慧，絕之棄之，並非視如敝屣般予以廢

〔註38〕此段引文有二處未依樓宇烈先生之校改文，而依牟師宗三之說：一、「各任其眞，事用其誠」，樓氏作「各任其貞事，用其誠」。二、「故母不可棄」，樓氏作「故母不可遠」。請參見其校釋第52、59、63，頁104～105。牟師之說請參：《才性與玄理》，頁166～167。

〔註39〕《道德經》三十八章注，《王弼集校釋》，頁95。

棄或否定，而是要「無」掉人對仁義聖智之執著。惟能「不自以爲在行仁義」，「不自以爲是聖智」之沖虛心境下，才能眞正表現出仁義聖智。故「絕」與「棄」是作用層之否定，必有此作用上之否定，方能保住實有層上之聖智仁義也。而此種否定乃所以保存之、成就之之義，老子是以「正言若反」之方式來表示。所謂「正言若反」即是以辯證之詭辭表示作用層之否定之義，此牟師宗三先生《才性與玄理》等書稱之爲「作用的保存」。〔註40〕

王輔嗣復以「道與形反」之方式，繼踵前述，演明其旨，彼曰：

> 凡物之所以存，乃反其形；功之所以尅，乃反其名。夫存者不以存爲存，以其不忘亡也；安者不以安爲安，以其不忘危也。故保其存者亡，不忘亡者存；安其住者危，不忘危者安。善力舉秋毫，善聽聞雷霆，此道之與形反也。（《老子指略》，頁197）。

所謂「道與形反」，其意涵近乎「守母存子」，蓋「清不能爲清，盈不能爲盈，皆有其母，以存其形」，居形捨母，則將流蕩不返，唯反形得道，方能保存其子。而聖、智、仁、義，形也，非道也；子也，非母也。苟用子棄母，則巧僞必生，理恕必失，爭尚必起，乖違必作，穢亂必興。振救之道，亦唯在「既知其子」，而必「復守其母」。知其子，則可知「聖之爲聖，不聖之爲不聖」；守其母，則復知「聖之爲不聖，仁之爲不仁」。能知「聖之爲不聖，仁之爲不仁」，通過此作用層上之否定，則「聖功全焉，仁德厚焉，行義正焉，禮敬清焉」，故載之以道，統之以母，則「萬物作焉而不辭，萬事存焉而不勞，用不以形，御不以名，仁義可顯，而禮敬可彰」。要「終」之道，在溯其「始」；存「子」之道，在守其「母」。

「母」者，寂然至無之體，沖虛玄德之道，道家玄理之指歸也。「子」者，聖、智、仁、義等諸德之稱，儒者實踐之綱目也；而儒「用」之全，則端賴道「體」之存，守「母」則存其「子」，故「絕聖而後聖功全，棄仁而後仁德厚」，正言若反，詭辭爲用，經此解釋，則可見《老子》經文表面雖否定仁義，而實則是要成就仁義，若是則道家之學與儒家之學非僅是不相衝突，亦且還可以互相會通，王弼便是由此調和二家，解決了既須以老子之道爲宗，又兼

〔註40〕「作用之保存」乃牟師宗三先生綜理道家之學說智慧而提出者，言簡意賅，深切於道家要旨，亦可矯正歷來視《老子》爲異端之偏見，其詳實意涵請參《中國哲學十九講》第七講〈道之「作用的表象」〉，頁127～156；或《才性與玄理》，頁162～163。

保住儒家義理之爲常道之難題也。

四、崇本舉末

　　大體言之，「本」、「末」這對概念與「母」、「子」具有相似之意涵。因之在《道德經》注文中，二對常相提並列，如第五十二章注曰：「母，本也。子，末也。得本以知末，不舍本以逐末也。」第三十八章注又云：「本在無爲，母在無名。棄本捨母，而適其子。」且概念間有機性之網絡與動態性之關係亦相類，故「守母以存其子」、「崇本以舉其末」；「捨其母而用其子」、「棄其本而適其末」，〔註41〕亦皆同類並舉。

　　然輔嗣對於二對概念之用法，卻存有微小差別，如「母」、「子」這對概念較偏重於正面意義之陳述，故「既知其子，必復守其母」、「守母以存其子」、「載之以道，統之於母」、「苟得其爲功之母」、「爲功之母不可舍也」、「皆有其母，以存其形」、「貴在其母」……等皆爲注文中之常見語，文中雖亦偶以「用子棄母」爲反面敘述，然若非與「棄本適末」連偶爲義，則大體是對後果事象之描繪，如：

> 本在無爲，母在無名。棄本捨母，而適其子，功雖大焉，必有不濟；名雖美焉，僞亦必生。（《老子》三十八章注，頁 94）

> 故母不可棄，本不可失。仁義，母之所生，非可以爲母。形器，匠之所成，非可以爲匠也。捨其母而用其子，棄其本而適其末，名則有所分，形則有所止。雖極其大，必有不周；雖盛其美，必有患憂。功在爲之，豈足處也。（《老子》三十八章注，頁 95）

> 夫刑以檢物，巧僞必生；名以定物，理恕必失；譽以進物，爭尚必起；矯以立物，乖違必作；雜以行物，穢亂必興。斯皆用其子而棄其母。（《老子指略》，頁 196）

至於「棄母用子」之「子」其涵義爲何？則未有述及，故「母」、「子」之概念，其所重者在於「守母存子」之正面闡釋。

　　「本」、「末」之概念，則正反二面義蘊皆兼明之，正面義之闡述則統歸於「崇本舉末」之命題下：

> 國之所以安，謂之母。重積德，是唯圖其根，然後營末，乃得其終

〔註41〕《道德經》五十二章、三十八章注，《王弼集校釋》，頁 139、94、95。

也。(《道德經》五十九章注，頁 156)

予欲無言，蓋欲明本，舉本統末，而示物於極者也。〔註42〕

固其根，而後營其末，故不拔也。(《道德經》五十四章注，頁 143)

此數條和前小節所引之與「守母存子」互文見義者，皆顯見其「崇本舉末」之歸趣，此中可注意者有二：一「本」、「末」及「崇本舉末」之意義。二「崇本舉末」之「末」字究何所指？

「本」、「末」二字，其本意為「木上」、「木下」，〔註43〕意指樹木之根柢與枝梢部位，其後引申為事之終始過程，並含有輕重先後之價值取向，在自然現象中，樹木必深固其根本，而後乃可枝葉峻茂；就事之始終言，亦必謹始慎初，方可得其善終，故《道德經》六十四章曰：「合抱之木，生於毫末；九層之臺，起於累土；千里之行，始於足下。」以人道論，亦必「知本務本」，而後人極可立，故《論語‧學而篇》有子曰：「君子務本，本立而道生」，《大學》亦云；「聽訟，吾猶人也，必也使無訟乎。無情者不得盡其辭，大畏民志，此謂知本。」而知本者，乃「知之至也」，故物有本末，事有終始，知其先後，則為「近道」。務本慎始，早已凝為民族之智慧，慎始之至，則「謀之於未兆，為之於未始」，〔註44〕務本之極，則「為能經綸天下之大經，立天下之大本」。〔註45〕

就天道而言，「本」、「始」為宇宙生化之根據，故《周易‧繫辭》曰：「乾知大始」，《道德經》首章亦云：「無，名天地之始」，《中庸》曰：「中也者天下之大本也」，在此數句中，「始」與「本」雖皆僅在謂語中出現，然已表述天地生化根據之義蘊。

輔嗣沿承此一傳統，而更賦予「本」字明確而新穎之意涵，其《道德經》注云：「實在質也，本在樸也，極在一也。」，〔註46〕《周易‧復卦》注也說：「天地以本為心者也」，《老子指略》亦曰：

夫欲定物之本者，則雖近而必自遠以證其始。夫欲明物之所由者，則雖顯而必自幽以敘其本。故取天地之外，以明形骸之內；明侯王

〔註42〕皇侃：《論語集解義疏》卷九「子曰：予欲無言」條注引王弼說，頁 503。

〔註43〕許慎：《說文解字》曰：「本，木下曰本，从木，一在其下。」「末，木上曰末，从木，一在其上。」(臺北：宏業，1973 年)，頁 177～178。

〔註44〕《老子指略》，《王弼集校釋》，頁 198。

〔註45〕《中庸》第三十二章，朱熹：《四書章句集註》，(臺北：鵝湖，1984 年)，頁 38。

〔註46〕《道德經》八十一章注，《王弼集校釋》，頁 191～192。

孤寡之義，而從道一以宣其始。」（頁 197）

「本」字已不再僅是謂語性之表義語，其作爲萬物存在根據之義蘊至爲昭然，「本」即是天地萬物之本體，亦即是沖虛玄德之「道」，寂然至無之「體」，而與之對舉之「末」，則爲具體現象之事物。

　　現象事物由道而生，由無而成，既生既成，則必反其形名，復求其本，本者，沖虛玄德，素樸無爲之道也，萬物所由以生以成之宗主也。然此沖虛玄德之爲萬物宗主，並非客觀置定一實體以爲宗主，而是主觀修證之沖虛境界，沖虛之主體呈現時，一起一切起，一虛明一切虛明，萬物皆於其中而與主體混融爲一，此牟師宗三先生有一通透性之析解：

> 此沖虛玄德之爲宗主實非「存有型」，而乃「境界型」者。蓋必本於主觀修證，（致虛守靜之修證），所證之沖虛之境界，即由此沖虛境界，而起沖虛之觀照。此爲主觀修證所證之沖虛之無外之客觀地或絕對地廣被。此沖虛玄德之「內容的意義」完全由主觀修證而證實。非是客觀地對於一實體之理論的觀想。故其無外之客觀的廣被，絕對的廣被，乃即以此所親切證實之沖虛而虛靈一切，明通一切，即如此說爲萬物之宗主。此爲境界形態之宗主，境界形態之體，非存有形態之宗主，存有形態之體也。以自己主體之虛明而虛明一切。一虛明，一切虛明。而主體虛明之圓證中，實亦無主亦無客，而爲一玄冥之絕對。然卻必以主體親證爲主座而至朗然玄冥之絕對。故「沖虛之無」之在親證上爲體，亦即在萬物上爲宗也。〔註47〕

故其爲本體，並非眞有一由分解而成之實體，即非客觀之存有，而只是主體生命沖虛觀照，無執無著，無爲無造，微妙玄通之無限理境，此沖虛玄境發而爲用，則蕩然無己，汎然任物，造作之念不起，人爲之波不興，萬事萬物以其本然如如而顯，順應而行。如此，則聖智、仁義、禮敬、孝慈，諸德之目，皆於沖虛玄體之妙用中被保住，斯即「作用之保存」也。

　　然其並無對聖智仁義作正面積極之肯定，道家玄理智慧本不作任何積極正面之主張與肯定，唯在「損之又損」之工夫修證中，遮撥有爲之心，絕棄妄作之念，損之至極，私念不起，己身無存，透顯一無沾染瑕垢之亮潔心體，《莊子・應帝王》云：「至人之用心若鏡，不將不迎，應而不藏」，〔註48〕即

〔註47〕牟師宗三：《才性與玄理》，頁 141。
〔註48〕郭慶藩：《莊子集釋》，頁 307。

是此光潔心體之發用。而言其透顯一光潔無瑕之本體，尚屬方便式之分解說法，此心體究實言之，則只是沖虛蕩然，無造無執，冥默無有之渾化作用，故「無」非死無，而有無窮妙用存焉，能時時因應，而又時時沖虛反無，即因應，即沖而用之，故雖應而無藏，隨物而宛轉，而與之渾然為一。經驗世界之物事即在此渾然同體中被保存。

聖智、仁義、禮敬、孝慈，諸名德之稱，人倫之行，皆是此沖虛玄德之應行之迹，既有其迹，則形名隨之，然迹是子、是末，必當依止於沖虛玄德之所以迹者，方可被保存住，此即「用夫無名，故名以篤焉；用夫無形，故形以成焉。守母以存其子，崇本以舉其末，則形名俱有而邪不生，大美配天而華不作。」子是有母之子，末是繫於本之末，迹是發自所以迹之迹，此是有本之泉，固根之樹，枝葉暢茂，孳孳不息，乃自然之理也。「故苟得其為功之母，則萬物作焉而不辭也，萬物存焉而不營也。用不以形，御不以名，故仁義可顯，禮敬可彰」，聖智可明，孝慈可著。然諸德之彰顯著明，並非體性上積極性之自發，而是在心體之沖虛玄應中被保住而已，故「守母存子」、「崇本舉末」之「存」「舉」，亦皆是儒德之用在作用層中被保存之意。

崇本而舉之「末」，與守母而存之「子」，雖泛指一切人倫之用與德行之目，但其僅是在因隨順應中所附帶出來之「迹」，且其得以為「迹」、為「用」，須有一超越之體以成就之，即始終須依止於沖虛無為之「所以迹」。因之雖有德之實，亦不以之為德，是即「不德其德」：

> 是以上德之人，唯道是用，不德其德，無執無用，故能有德而無不
> 為。不求而得，不為而成，故雖有德而無德名也。（《道德經》三十
> 八章注，頁93）

在德性本質上，儒家之行仁為義，並非在無執無為之消極保存上開顯其德目，而是以積極之態度，當下直接肯認人之所以為人之價值所在，是生命不可或缺之應然之理。其亦有所以迹者存焉，但非沖虛玄德，而是「仁心」道德主體的「覺」與「健」，〔註49〕此儒、道二家對本體之體會之迥異，形式上看，道家並無存有層上之肯定，與儒家之言天道為一創生之實體，仁心為一切德性行為之直接生因不同，但道家所言之沖虛玄德，作用層之妙用義，自儒學之立場言之，亦可認可此一層次之意義。

前面述及，「本」、「末」這對概念除了「崇本舉末」之正面性義蘊外，尚

〔註49〕牟師宗三：《中國哲學的特質》（臺北：學生，1982年），頁25～31。

有反面性意趣之陳述，此爲《道德經》五十二章注文中所云之「得本以知末，不舍本以逐末」，「捨本逐末」即是「棄其本而適其末」，輔嗣注文中曾將之與「捨其母而用其子」並舉，但僅作爲互文見義之用，並無具體指陳出「用子棄母」之「子」究何所言，而其對「捨本逐末」卻有周詳論述，進而導出「崇本息末」之歸向。

　　造成「捨本逐末」之現象，在人之爲一生命存在而言，實際上是一種極難避免之憾事，《道德經》十三章所謂「吾所以有大患者，爲吾有身，及吾無身，吾有何患！」人之存在必帶感性以俱存，而感性之本能必求其滿足，此種欲求極易使之順流而下，一往不返，此即「物皆各得此一以成，既成而舍一以居成」，居成則失其本矣，欲不失本，則唯有逆流而上，復反其本，此《道德經》所謂「反者，道之動」，王弼在《復卦》注所說的「復其見天地之心」；然復反逆溯，須有自覺，其勢較難；順流而下，一往不返，其勢較易，故人多棄本逐本矣！

　　　　食母，生之本也。人皆棄生民之本，貴末飾之華。（《道德經》二十
　　　　章注，頁 49）

　　　　言大道蕩然正平，而民猶尚舍之而不由，好從邪徑。（《道德經》五
　　　　十三章注，頁 141）

　　　　時人棄本崇末，故大其能尋本禮意也。〔註50〕

「棄生民之本，貴末飾之華」，將日愈奔馳而下，偏離坦然之大道，而入於巧僞之邪徑，如此則「名彌美而誠愈外，利彌重而心愈競」：

　　　　夫敦樸之德不著，而名行之美顯尚，則修其所尚而望其譽，修其所
　　　　道而冀其利。望譽冀利以勤其行，名彌美而誠愈外，利彌重而心愈
　　　　競。父子兄弟，懷情失直，孝不任誠，慈不任實，蓋顯名行之所招
　　　　也。患俗薄而名興行、崇仁義，愈致斯僞，況術之賤此者乎？（《老
　　　　子指略》，頁 199）

《周易‧坤卦》初六曰：「履霜，堅冰至。」蓋泉之始流，其流涓涓；火之始燃，其燎星星。然涓流不塞，將成江河；星火不滅，遂致燎原。夫未兆易謀，脆弱易泮，微小易散，壅於其始，熄於其初，則其勢易爲；不能如此，及至波瀾烈焰，方欲竭智彈力，則「巧愈思精，僞亦多變」：

〔註50〕皇侃：《論語集解義疏》「林放問禮之本」條引王弼之說，頁 358。

> 夫素樸之道不著，而好欲之美不隱，雖極聖明以察之，竭智慮以攻
> 之，巧愈思精，僞愈多變，攻之彌甚，避之彌勤。則乃智愚相欺，
> 六親相疑，樸散眞離，事有其奸。蓋舍本而攻末，雖極聖智，愈致
> 斯災，況術之下此者乎！」（《老子指略》，頁 198）

末流之禍，烈焰沖天，於此之時，欲以聖智察之，以嚴刑威之，則無異加薪
止火，揚湯止沸，將益發奔蕩，難以收拾；釜底抽薪之計，亦唯在返樸：

> 夫鎮之以素樸，則無為而自正；攻之以聖智，則民窮而巧殷。故素
> 樸可抱，而聖智可棄。夫察司之簡，則避之亦簡；竭其聰明，則逃
> 之亦察。簡則害樸寡，密則巧僞深矣。夫能為至察探幽之術者，匪
> 唯聖智哉？其為害也，豈可記乎！故百倍之利未渠多也。（《老子指
> 略》，頁 198）

涇渭二流，截然分明，或鎮之以素樸，反之於大道，或竭聖智以治巧僞，奔
競於羊腸。南轅北轍，去之益遠：

> 夫以明察物，物亦競以其明避之；以不信求物，物亦競以其不信應
> 之。夫天下之心不必同，其所應不敢異，則莫肯用其情矣。‥‥若
> 乃多其法網，煩其刑罰，塞其徑路，攻其幽宅，則萬物失其自然，
> 百姓喪其手足，鳥亂於上，魚亂於下。是以聖人之於天下歙歙焉，
> 心無所主也。為天下渾心焉，意無所適莫也。無所察焉，百姓何避；
> 無所求焉，百姓何應。無避無應，則莫不用其情矣。（《老子》四十
> 九章注，頁 130）

捨本攻末，則樸散眞離，智愚相與欺詐，人際相為猜疑，物事失其理序，風
俗流於澆薄，鳥亂於上，魚亂於下，斯皆棄本適末之弊；濟救之道，唯在「崇
本」，崇本則可止「息」此等「末」流之弊。輔嗣探賾索隱，鈎深致遠，而歸
納出《老子》之內容可一言以蔽之，曰「崇本息末而已矣」！「崇本」已於
前數段述及，所欲止息之「末」，其亦於《老子指略》中詳細論列：

> 《老子》之書，其幾乎可一言而蔽之。噫！崇本息末而已矣。觀其所
> 由，尋其所歸，言不遠宗，事不失主。文雖五千，貫之者一；義雖廣
> 瞻，眾則同類。解其一言而蔽之，則無幽而不識；每事各為意，則雖
> 辯而愈惑。嘗試論之曰：夫邪之興也，豈邪者之所為乎？淫之所起也，
> 豈淫者之所造乎？故閑邪在乎存誠，不在善察；息淫在乎去華，不在
> 滋章；絕盜在於去欲，不在嚴刑；止訟存乎不尚，不在善聽。故不攻

其為也，使其無心於為也；不害其欲也，使其無心於欲也。謀之於未
兆，為之於未始，如斯而已矣。故竭聖智以治巧偽，未若見質素以靜
民欲；興仁義以敦薄俗，未若抱樸以全篤實；多巧利以興事用，未若
寡私欲以息華競。故絕司察，潛聰明，去勸進，剪華譽，棄巧用，賤
寶貨。唯在使民愛欲不生，不在攻其為邪也。故見素樸以絕聖智，寡
私欲以棄巧利，皆崇本以息末之謂也。（頁198）

此段意旨甚明，陳述亦委曲詳盡，茲據其敘說，列一簡表，以方便後文之討
論：

本		（息）末		
		朱本之末		棄本攻末
大　道	反	邪　徑	適	窮途末路
存　誠	←	邪	→	善　察
去　華	←	淫	→	滋　章
去　欲	←	盜	→	嚴　刑
不　尚	←	訟	→	善　聽
無　為	←	有　為	→	訏其為
寡其欲	←	多　欲	→	害　其
見質素，靜民欲	←	巧　偽	→	竭聖智以治之
抱素樸，全篤實	←	俗　薄	→	興仁義以敦之
寡私欲，息華競	←	煩事用	→	多巧利以興之
絕　之	←	司　察		
潛　之	←	聰　明		
去　之	←	勸　進		
使民愛欲不生				攻其為邪
剪　之	←	華　譽		
棄　之	←	巧　利		
賤　之	←	寶　貨		

崇本舉末，則「形名俱有而邪不生，大美配天而華不作」，仁義可顯，禮敬
可彰，聖智孝慈，諸德之目，皆可以作用中保存，此有體之用，其用無窮也。
而「本」苟不存，則物為妄物，事為妄事，因之邪事生矣，淫事行矣，巧偽滋
矣，理怨失矣，爭向起矣，乖違作矣，穢亂興矣。而邪事之生，非邪之所為也；
淫事之起，非淫之所造也。究其成因，皆因「失本」故也。弊端之起，起於失

本；振救之道，固在「反本」，苟不此爲，而竭聖智，善苛察，滋法律，嚴刑罰，則南轅北轍，去之所以更遠，而終入窮途末路矣！此二重末流之弊，雖輕重程度有別，至如棄失其本則一也，故濟之之法，亦唯在「反本」。

能「崇本」，則其得有二：自正面言之，可以「舉末」，使聖智、仁義、孝慈，諸德之目，「形名俱有而邪不生」。自反面而言，則可「息末」，使因失本而起之邪淫盜訟，穢亂乖違，諸種「惑罔之迷」得以自然止息，一表一遮，一正一反，「崇本」之意蘊可盡，而「舉末」、「息末」，二「末」字指謂之意涵不同，自亦可了別。不能以王弼既言「舉末」，又曰「息末」，就認爲有思想上的內部矛盾，如有學者云：

> 「守母存子」、「崇本舉末」，應是王弼「體用如一」、「本末不二」的具體說明。但是，在王弼的著作中又有「崇本息末」的說法，這就造成了其思想體系的矛盾。……從實際或理論上說，都可能有「棄母用子」的問題，但是並不能因此而主張「崇本息末」，照王弼的體系要求，只能得出是「崇本舉末」、「守母存子」的結論。王弼的哲學體系中爲什麼出現這種矛盾現象，其重要原因之一就是他沒有而且不可能擺脫老子哲學思想的影響。」〔註51〕

湯一介先生之說可注意者有三：其一，把「崇本舉末」與「崇本息末」視爲一種矛盾，此或因誤以二「末」字指謂相同意涵所致，此點已於上文中辨明，無須贅述。其二，學說體系之闡析本可自正反兩面兼論並明，此益見其委曲詳盡、巨細靡遺。「守母存子」、「崇本舉末」既皆爲其正面之主張，則「用子棄母」、「舍本逐末」後，終之以「崇本以息之」，亦正自見其思想之圓融深邃也。其三，輔嗣之注解《道德經》，本就有其詮釋上的創闢性，如此則其學說體系究與《道德經》原有者有何不同？「崇本舉末」與「崇本息末」，正是他言簡意賅地區隔自己的體系架構與老子者有所不同，惟此中卻亦隱含一個問題：以「崇本息末」來概括《道德經》之體系架構究竟是否確當？此留待後文討論。

「崇本舉末」之義明，則道家之本實可成就仁義聖智，爲諸德之實現原理，如是則孔、老之義理，乃可相順而不相違也。

本節旨在闡述王輔嗣之體用觀，輔嗣之言體用，歷來素爲學者專家所重視，如牟師先生曰：

> 王弼之功績即在扭轉此（筆者案：即漢儒象數易學）質實之心靈而

〔註51〕湯一介：《郭象與魏晉玄學》第二章〈魏晉玄學的發展（上）〉，頁44～45。

爲虛靈之玄思，扭轉圖畫式的氣化宇宙論而爲純玄理之形上學。此在思想上爲大進步也。而經過四百年之漢易傳統而躍起，則尤見殊特。故云其能復活先秦儒道兩家固有之精微義理也。〔註52〕

凡泛言體用有無之玄微，皆極精透，且圓融無碍，王弼之解一洗漢象之象數，而純以體用明，由此等處，極見其智思心靈之簡潔精妙。

錢穆先生亦曰：

> 王弼之在中國思想界，有兩大貢獻。一爲其首先提出理事對立之概念，此已詳於別篇。又一則爲其首先提出體用對立之概念，此爲本篇之所欲論。自此以往，曰理事，曰體用，每一思想家，幾無不受此兩概念之影響。而此兩概念，實可謂皆由王弼首先提出，則弼之爲功於中國思想界者，亦即此可見矣。〔註53〕

其他如湯用彤先生等亦皆極爲推表，〔註54〕不煩贅述，而輔嗣於魏晉玄學，乃至中國哲學史中之地位實可略見一斑。

輔嗣之學所以得爲後化如此推重，在於其自然拔得之創發性，廓清象數之功，抉發幽微之義，皆可見出其在義理上之精透性與創闢性，以體用義而言，其能因仍前代宇宙論式之說，更加以純化，而創建一套圓融透闢之體用論體系，此套體系即寓藏於其《周易注》、《老子注》及爲二書所作之《指略》中，其心神雖殫力於注解，而其創發性亦展現於注解中，故可謂「寓作於注」矣，〔註55〕而體用一如、本末不二之圓融體系即是其寓作於注之犖犖大者。

輔嗣之言曰：「《老子》之書，其幾乎可一言而蔽之。噫！崇本息末而已矣！」「崇本息末」正足以顯現出老子之悲心大願，蓋其時周文凋弊，禮文制度流於僵滯與形式化，對於人性生命產生莫大之束縛桎梏，欲解消此種人性之枷鎖，非「無爲」不足以當之，故其苦心孤詣之五千言，亦可謂「木鐸」之音，實關連於時代而有切感切應者也。輔嗣承其智慧結晶，再潤之以簡潔精妙之智思，而培育出一套表遮兼具之思想體系。就「遮」面而言，老子意

〔註52〕牟師宗三：《才性與玄理》，頁114。

〔註53〕錢穆：《莊老通辨‧王弼論體用》（臺北：三民，1971年），頁379～384。

〔註54〕湯用彤先生之說見《魏晉玄學論稿》，其餘如賀昌群《魏晉清談思想初論》、容肇祖《魏晉的自然主義》、劉修士《魏晉思想論》等亦皆論及。以上四種著作合編於《魏晉思想》甲、乙兩編一書中，（臺北：里仁，1984年）。

〔註55〕陳澧：《東塾讀書記》卷四云：「頤初九注云：安身莫若不競，脩己莫若自保，守道則福至，求祿則辱來。造語雖精，然似自作子書，不似經注矣。」（臺北：中華聚珍仿宋版，1965年）頁17上。

在「息末」，其所欲偃息之「末」在於人爲造作之虛僞，與夫僵化之禮文教條，凡彼足以使生命產生束縛與桎梏者；輔嗣因之，且更明白指謂出此「末」字之涵攝內容及其發生原由，凡諸所謂「用子棄母」、「捨本逐末」、「捨一居成」者皆屬之，皆爲失卻本體之「妄然」，此在儒家言之，即是不能做到「毋意，毋必，毋固，毋我」之造執行爲，能「崇本」，則末流之弊將自然「偃息」。另就「表」面而言，老子對非僵化之人文，並未在實有層上加以否定，然亦無正面之肯定；輔嗣承此意涵，而進一步開拓出「無因於有」、「守母存子」、「崇本舉末」之論旨，綜括言之，即是體「無」用「有」，「有」本於「無」，「無」因於「有」，老子「作用之保存」之義蘊，在此關係網絡中更爲明確，更爲瞭然。道家沖虛玄妙之心體非徒可以解消生命之負累，亦可正面性作爲人倫綱常諸種德目實踐上之根本。

在儒家之義理中，人是道德性之存在，生命之意義性與莊嚴性唯有在盡倫與盡分中方可充分展現，故教化之宗旨，即在於使一切人倫道德皆能得其正位，所謂「君君、臣臣、父父、子子」。在輔嗣之「體無用有，有本於無，無不離有」之體用圓境中，人可以是道德性之存在，但一切道德行爲皆是「有」層之用，其存在之所以可能，必須有本體層之沖虛玄德爲其根據。易言之，沖虛玄德亦非抽象之死體，其必時時發而爲用，即於「有」而表現其妙用。此「體無」與「用有」二層圓應一如之理境，即是詭辭爲用中所顯之無執性之圓滿，所謂「絕聖而後聖功全，棄仁而後仁德厚」，體用二層在詭辭爲用中之交融，即是儒道二家上下內外會通爲一之圓滿理境。

第三節　聖人體無而有情

儒、道二家，雖同樣緣起於周文凋弊，但二家對文化與生命之反省層面本自不同，故而在教路旨趣上皆迥然有別，一在於經由不安不忍之點醒，引發道德主體之自覺，一則以虛靜無爲，消解生命之負累與桎梏。「教」異「宗」殊，則其理想人格之意涵亦自不同。儒家在揭示「人人可以爲堯舜」之宗旨中，已隸括堯舜是實踐上之極致，又推尊孔子等前哲爲聖人，更加明示其爲體極踐宗之人格典型，而其人格內蘊給予後人之昭示與垂範亦甚爲明確，所謂學而不厭，誨人不倦之「既仁且智」，與夫「金聲玉振」，「始終條理」等，〔註56〕此種「仁、

〔註56〕《孟子・萬章下》云：「孔子之謂集大成。集大成也者，金聲而玉振之也。金

智、聖」合一之人格典型，在儒家中具有一貫性之肯認，所謂「先聖後聖，其揆一也」。〔註57〕

在道家中，老子亦屢次對聖人之人格內涵有所描述，如言「聖人」：

> 處無爲之事，行不言之教，萬物作焉而不辭，生而不有，爲而不恃，功成而弗居。（《道德經》二章，頁6）

> 方而不割，廉而不劌，直而不肆，光而不燿。（五十八章）（頁152）

> 聖人無常心，以百姓心爲心。（四十九章，頁129）

> 云：我無爲而民自化，我好靜而民自正，我無事而民自富，我無欲而民自樸。（五十七章，頁150）

經由此等描述，亦可顯見出道家理想人格典型之內涵。

輔嗣在魏晉玄學「儒道會通」之主題上，既扮演理論奠基者之角色，則亦不得不觸及原本「宗」別「教」殊，理想人格之意涵亦各自不同之二家，在會通之後，如何形塑一新理想人格之典型，本節將自二方面探討之，一爲「聖人體無」，一爲「聖人有情」。

一、聖人體無

《王弼傳》載裴徽爲吏部郎時，輔嗣未弱冠，往造焉，裴一見而異之，因問輔嗣曰：

> 「夫無者誠萬物之所資也，然聖人莫肯致言，而老子申之無已者何？」弼曰：「聖人體無，無又不可以訓，故不說也。老子是有者也，故恒言無，所不足。」〔註58〕

此段是輔嗣談「聖人體無」之記載，《世說・文學篇》亦有此段，文字大同小異。而在此段對話中所可注意者有二端，一爲「聖人體無，老子是有」，一爲聖人所體之「無」之理境。

孔子在世時，弟子已爲其「爲之不厭，誨人不倦」之德性，與「老者安

聲也者，始條理也；玉振之也者，終條理也。始條理者，智之事也；終條理者，聖之事也。」，朱熹：《四書章句集註》，頁315。

〔註57〕《孟子・離婁下》，同前註，頁689～690。

〔註58〕「恒言無，所不足」，《世說新語・文學篇》作「恒訓其所不足」。二句終極意皆表示「老子是有」，然文字表達上「恒言『無』，所不足」，涵意較豐富。余嘉錫：《世說新語箋疏》，頁199。

之，朋友信之，少者懷之」之同體大悲之仁心所感召，而以「仁、聖」尊譽之。〔註59〕及至孟子，更從文化統緒上闡析其「聖之時者」、「集大成」、與「自生民以來未有盛於孔子」〔註60〕之不朽德業，因之而以孔子之「私淑」〔註61〕弟子自居，發願踵繼其前迹；至此，孔子在德性人格上，與文化傳續上，已具有不可移易之地位。其後，漢武罷黜百家，獨尊儒術，經學之章句訓詁成為兩漢學術之主流，孔子之權威性地位，愈益堅固不移，故《漢書‧古今人表》繼堯、舜、禹、湯、文、武、周公之後，列孔子為「上上聖人」之第一等，老子則僅為「中上」之第四等，此種論列，有深厚之歷史傳統為其背景。逮至魏晉，玄學家雖雅好玄虛之談，然其亦不能悖離數百年之傳統定論，而入於異端，故正始之何、王，與夫元康之向、郭，皆莫不推尊儒聖，而對於老、莊，則大多未以聖域許之。

歷史傳統中之定論，對於輔嗣「聖人體無，老子是有」之主張，可以提供一種說解；但除此項外緣之成素外，輔嗣之推尊儒聖，實亦具有其義理上之必然性。蓋取其體用論觀之，「體」並非枯槁、乾癟之死體，而是具有無限妙用之沖虛玄體，其時時即寂即照，即本體即發用，即無為即無不為，證成此無限性之圓境者，必非「避世之士」，非「西出涵谷關」者，反而應當是「與人為徒」〔註62〕之人。孔子之處穢濁動盪之亂世，雖絕糧陳蔡，厄困於匡人，猶從容以曰：「文王既沒，文不在茲乎！天之將喪斯文也，後死者不得與於斯文也；天之未喪斯文也，匡人其如予何？」〔註63〕履險如夷，坦然自若，對人世之關懷，無微毫之衰減，故栖惶終日，席不暇暖，此非臻乎化境者何能如此！

若夫因見世衰道微，遂或隱居山林，或出關西去，此則猶有所執，非真能化者也，有如小乘之怖畏生死，欣趣涅槃；欣趣之，即執著之，此亦是病也。故以輔嗣觀之，老子雖能以五千言，闡發窮極無稱、至寂玄妙之「無體」，然只是知解性概念之了解，非體之踐之，實而有之之真實踐履也，若以《論語》之言表示，則老子是僅能「智及」，而不能「仁守」，智及聞見，故「恒

〔註59〕《論語‧述而篇》：「子曰：若聖與仁，則吾豈敢，抑為之不厭，誨人不倦，則可謂云爾已矣。」《四書章句集註》，頁101。

〔註60〕《孟子‧公孫丑上》，同前註，頁235。

〔註61〕《孟子‧離婁下》：「孟子曰：予未得為孔子徒也，予私淑諸人也。」同前註，頁295。

〔註62〕《論語‧微子篇》：「子曰：鳥獸不可與同群，吾非斯人之徒與而誰與。」同前註，頁184。

〔註63〕《論語‧子罕篇》，同前註，頁110。

言其所不足」。非如孔子之「知者不言」、「善《易》者不論《易》」〔註64〕之冥然渾化也，意即老子尚是在自覺地追求「無」之境界，希望能勉力達至，而尚有未及，故「無」在老子是所要追求之理想，而其現實之生命，則尚未能達到「無」之化境也。因為若已達臻「無」之化境者，就不會反複用語言概念表述此化境，因一落於言詮，一己之生命便落於語言文字之層次且與「無」成對待之境，故而輔嗣云：「無又不可以訓，故不說也。」而恒言「無」者，實非至極；惟終生不言「無」之孔子，方是「體無」之聖人也。

王弼此論，實甚精美，而如此亦可確保孔子之聖人地位。如此而體會孔子，雖未能觸及孔聖悱惻不已之仁心實感，亦即聖人所以為聖之本質內容，但比之漢儒之純從禮樂教化之功用，即只在迹上看孔聖，實高出許多。而孔子之生命表現，亦確有此「無」之化境，如云：「毋意、毋必、毋固、毋我」、「吾有知乎哉、無知也」、「天何言哉，四時行焉，百物生焉」、「吾與點也」，故王弼之言「聖人體無」，亦未必無據。

雖然，就此所了解之聖人所體之「無」言之，其亦是致虛守靜，損之至極，所契顯之沖虛玄體也。其為「體」也，至虛至寂、無執無造、妙運無方、大用繁興；而其為「用」，是寂照之用，寂照之用，雖亦能應物渾化，但只是「消極性之應迹」，〔註65〕對於「不曰堅乎，磨而不磷；不曰白乎，涅而不淄，吾豈匏瓜也哉，焉能繫而不食」〔註66〕之孔子，僅能盡其「磨而不磷，涅而不淄」之一面，至於其「鳥獸不可與同群，吾非斯人之徒與而誰與」〔註67〕之本質性之一面，則未盡其蘊奧也，故在「道體儒用」之體用觀下，其雖言「聖人體無，老子是有」，而其實亦是陽尊儒聖，而陰崇老莊也。

二、聖人有情

《王弼傳》記載何晏、鍾會等主張聖人無喜怒哀樂，輔嗣不以為然，其

〔註64〕《道德經》五十六章曰：「知者不言，言者不知。」《王弼集校釋》，頁147～148。又《三國志》卷二九「方技傳」裴注引《輅別傳》載管輅之言曰：「善易者不論易。」，頁821。

〔註65〕道家之體用亦是一通透之圓境，然因非居宗體極者承悲心仁體而來之積極性之圓，故其用並非仁心不已之悱惻實感，而只是消極性之應迹。參見牟師宗三：《才性與玄理》，頁230。

〔註66〕《論語‧陽貨篇》，《四書章句集註》，頁177。

〔註67〕《論語‧微子篇》，同前註，頁184。

言曰：

> 聖人茂於人者神明也，同於人者五情也；神明茂，故能體沖和以通
> 無；五情同，故不能無哀樂以應物。然則聖人之情，應物而無累於
> 物者也；今以其無累，便謂不復應物，失之多矣。

傳又載輔嗣「答荀融難《大衍義》書」，其曰：

> 夫明足以尋極幽微，而不能去自然之性。顏子之量，孔父之所預在，
> 然遇之不能無樂，喪之不能無哀。又常狹斯人，以爲未能以情從理
> 者也，而今乃知自然之不可革。足下之量，雖已定乎胸懷之內，然
> 而隔逾旬朔，何其相思之多乎？故知尼父之於顏子，可以無大過矣！
> 〔註68〕

此二段是輔嗣討論「聖人有情」之專文，所涉及之意旨亦在於「體無」與「用
有」之內外二端，合此二方面，方是一個具體而眞實之「聖人」，若缺漏其中
一面，則不流於「凡」，即入於「枯」，今先以簡表表示之：

就「同於人者」一面言之，聖人亦是人，「同乎其類」者也；既爲人，則
即不能不感應於物也，故「樂記」曰：「人生而靜，天之性也；感於物而動，
性之欲也。」〔註69〕應物而動，則不能無喜懼哀樂之情，此緣於情本出乎「自
然」也，故《毛詩正義・序》云：「若夫哀樂之起，冥於自然；喜怒之端，非
由人事。」〔註70〕輔嗣亦曰：

> 夫喜懼哀樂，民之自然，應感而動，則發乎聲歌。〔註71〕

此種物感於外，情動於中，形諸歌聲舞詠之「自然」，《詩・大序》有一段更

〔註68〕《三國志・魏書》卷二十八〈鍾會傳〉裴注引何劭《王弼傳》，頁795。
〔註69〕〔漢〕鄭玄註，〔唐〕孔穎達疏：《禮記・樂記》（臺北：藝文十三經注疏本，
　　　　1985年），頁666。
〔註70〕〔漢〕毛亨傳、鄭玄箋，〔唐〕孔穎達疏：《詩經・毛詩正義序》（臺北：藝
　　　　文十三經注疏本，1985年），頁3。
〔註71〕皇侃：《論語集解義疏》引王弼之說，頁410。

生動性之描述：

> 情動於中，而形於言，言之不足，故嗟歎之，嗟歎之不足，故永歌
> 之，永歌之不足，不知手之舞之，足之蹈之也。〔註72〕

鳥獸尚且有感於四時，人焉能不感應於外物，物感於外，情動於內，欣悅則
形諸歌詠，哀戚則潸潸落淚，雖聖人亦不能免除於此，《論語・先進篇》載曰：

> 顏淵死，子哭之慟。從者曰：「子慟矣！」曰：「有慟乎？非夫人之
> 為慟而誰為。」〔註73〕

在《論語》中，我們不難感受到孔子與顏回師生間之深厚情懷，「不遷怒，不
貳過」、「其心三月不違仁」、「聞一以知十」、「賢哉回也！一簞食，一瓢飲，
在陋巷，人不堪其憂，回也不改其樂。」這些師徒間的對話，皆是老師對學
生款款深衷之賞愛與鼓勵，故對於其英年早逝，孔子哭之哀慟，並曰：「天喪
予！天喪予！」除了顏回外，孔子對其他學生亦情誼深厚，愛護有加，觀其
自牖執伯牛之手而唏噓長歎，〔註74〕覆醢於子路之亡而哭於中庭，〔註75〕即
可知其真情篤厚，因之，即或聖人，亦不能免除「遇之不能無樂，喪之不能
無哀」之真情實感，故聖凡之別，不在情之有無也。

聖凡之別既不在情之有無，則其差異究在何處？輔嗣認為關鍵在於聖人
能「體沖和以通無」，即能契顯一沖虛玄妙之無限理境，而其所以能如此，因
是神明茂於常人。神明暢茂，體沖通無，故能時時徼向於「有」，亦時時復返
於「無」，沖和渾化，無滯無礙，故有情而不為情所累，即有情而不陷溺於情，
聖凡之別，本質差別處是在此層。茲模仿牟師宗三對於「人性」與「物性」
說解之圖，亦草一圖以說明此意：

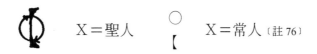

Φ　　　X＝聖人　　　○　　X＝常人〔註76〕

〔註72〕〔漢〕毛亨傳、鄭玄箋，〔唐〕孔穎達疏：《詩經》，頁13。

〔註73〕朱熹：《四書章句集註》，頁125。

〔註74〕《論語・雍也篇》：「伯牛有疾，子問之，自牖執其手，曰：『亡之，命矣夫！
斯人也而有斯疾也！斯人也而有斯疾也！』」同前註，頁87。

〔註75〕《禮記・檀弓上》：「孔子哭子路於中庭。有人弔者，而夫子拜之。既哭，進
使者而問故。使者曰：『醢之矣。』遂命覆醢。」（臺北：藝文十三經注疏本，
1985年），頁112。

〔註76〕參見牟師宗三：《中國哲學的特質》，頁56。

【括弧表示喜怒哀樂懼之情，此聖人凡人之所同。二個矢頭之圓圈表示沖和之體，即徹向即渾化之妙用，聖人因能體現此沖虛玄妙之無限理境，故能隨時應物而感，卻又不受外物之纏累與拘絆。常人因不能「體無」，故雖亦可言「無」是其存在之超越根據，但「無」並不即於日常之言行舉止而表現之，故往往溺於情或困於情。而一般隱遁之士，則為求「無為」而遠離人世，其「無」只是死無、抽象之無，亦不能即於現實生命中表現。雖如老莊之智者，「無」似與其生命有隔，而不能渾化也。

聖人體無，故應物而不累於物，圓通無礙，雖有情，而不為情困，而此時聖人所表現之情，與常人所表現之情，貌相似而實不同也，輔嗣稱之為「性其情」之情，其曰：

> 不為乾元，何能通物之始？不性其情，何能久行其正？是故始而亨
> 者，必乾元也；利而正者，必性情也。（《周易・乾卦》注，頁217）

輔嗣在此段闡述其「體用一如」之性情觀，「不為乾元，何能通物之始」，即是「體沖和以通無」，能體現此「萬物資始」之沖虛玄體，則生命可內感而通之（亨），亦可外應而化之（利），內通外應，無累無困，恒久性顯現其堅固與貞正。易言之，即是情無分歧與動盪，此為聖人「應物而無累於物」之情，亦即是「體無」而「用有」之情。「始而亨者必乾元也」，體無者也。「利而正者必性情也」，用有者也，通體達用，有無圓融，即是聖人之「性其情」也。能性其情，即其情是性化了之情，此如郭象注《莊》中所云之「冥化之迹」，此義後章再述。

在輔嗣之意涵中，「性」與「情」原是兩個概念，兩個層域，此二層域可合可離，合之則是「久行其正」之情，離之則將動盪分歧，不能「久行其正」，故就「情」一面而言，則有「正」與「不正」之別，聖人能正，可貞固恒久，常人不能正，故上焉之賢者，可以做到「三月不違」，其餘則「日月至焉而已矣」，[註77] 所以如此，是因為常人之「性」與「情」偶合偶離，動而不能靜，有而不能無。聖人則「大明終始」、「靜專動直」，雖「升降無常」，其沖虛玄體則隨時發用而復歸無為，故永保「大和」，其云：

> 大明乎終始之道，故六位不失其時而成。升降无常，隨時而用。處
> 則乘潛龍，出則乘飛龍，故曰「時乘六龍」也。乘變化而御大器。

[註77] 《論語・雍也篇》：「子曰：回也，其心三月不違仁，其餘則日月至焉而已矣。」
《四書章句集註》，頁86。

　　静專動直，不失大和，豈非正性命之情者邪？（《周易·乾卦》注，
　　頁213）

故「性」與「情」之關係，亦如「静」與「動」之異質異層，《復卦》注曰：
「凡動息則静，静非對動者也」，易言之，即是「體」與「用」之關係網絡，
是以「性其情」者，則「静專動直」，體無而用有，應物而無累於物，有情而
不溺於情。

　　「聖人體無而有情」是輔嗣對於聖人人格內蘊之描述，在義理本質上，
實際上也就是「體無用有」、「體用一如」之衍伸，此一問題之探討，不僅顯
豁聖凡之間本質性之差別，開擴「聖人無情」主張者之視野，對於聖人應物
無累之一面，亦有精透相應之了解，雖然其意旨仍在於「道體儒用」之會通，
但能深刻抉發聖人有情而無累於情之圓境一面者，輔嗣還是孤明先發之第一
人，其後繼踵其迹者，則是向、郭之《莊子注》，此留待下章詳述。

第四節　結　語

　　生命才情之展發，並不取決於年壽之長短，由輔嗣之身上，實可知過半
矣，其以二十四齡短若飈塵之一生，卻在學術統緒上扮演摧枯拉朽、開風立
宗之角色。雖然其展現之卓越成就，並不在於德性人格之完成與成風俗、明
教化上，亦即其雖非「踐德成道」之大器，〔註78〕但若就哲學思想之闡發與
創闢上言之，則實是不可多得之雋才，其貢獻實非淺小。故以「夙慧天成，
智悟卓絕之青年哲學家」〔註79〕許之，實不為過。

　　本章首述其家學淵源，其次探討其學術著作之特色，再由其注《易》與
解《老》中，尋繹出體用圓融之理論體系，在魏晉玄學「會通儒道」之重要
課題上，其「超有通無，資無歸有」之體用觀，與夫「聖人體無而有情」之
體用圓境，確然在理論體系上展現一個完整性與圓融性之極致，牟師宗三先
生在論述其學說系統時亦曰：

〔註78〕 大抵魏晉名士皆顯清新逸氣之清爽，然德性境界則無真切之感發，輔嗣亦然，
　　　　其生命全幅是清新逸氣之智光，然其意識卻未能反照到生命各方面，故除玄
　　　　理外，則無其他。參見牟師宗三：《才性與玄理》，頁76～84。
〔註79〕 牟師宗三曰：「王弼之壽命只二十四，以今語言之，可謂一青年哲學家。年十
　　　　餘，即好老氏。可謂有夙慧。……夙慧早具，靈光一顯，全發無餘。」同前
　　　　註，頁80。

> 此種體用之圓融，王弼確有圓智以悟之。有透宗之悟，故有圓融之
> 智。其造詣固至乎其極，而不可移也。他以透宗之觀念，與造極之
> 境界，復活已斷絕四五百年之儒道玄理，廓清四百年來易學之蕪雜，
> 不可謂非慧劍之利鋒，般若之烈火也。觀念甚簡易，然造理卻極真
> 實。其價值全在扭轉之功，與豁醒慧命。故注《老》雖極其相應，
> 而其功力卻全在注《易》。雖言理以道爲宗，而於人品則崇儒聖。儒
> 道同言，而期有所會通。〔註80〕

體用之圓融，與聖人圓境之豁顯，使「本體」不再只是抽象性之存在根據，
而活轉爲沖虛至寂之無限理境，此理境玄妙無方，作用無窮，應機而發，隨
感而應，再經由「詭辭爲用」之中間媒介，悄然將此「寂然至無」之沖虛玄
境接合於儒家禮樂教化之「有」上，此步道家之「道」與儒家之「德」之銜
接，是魏晉學術之重要嘗試，自何平叔下種後，即在輔嗣身上開花結果，並
有豐碩之收穫，對比於儒、道本然之義理內涵言之，輔嗣「道體儒用」之體
用義確卓然有新義存焉；一者，對道家而言，視儒家之「德」爲道體之發用，
使「無爲而無不爲」之消極性應迹得以充實化與積極化，故體道者不再是出
關之隱士，而是熱心關懷人世之仁者。二者，對儒家而言，沖虛玄妙之化境
雖未能全盡聖人仁心實理一面之底奧，卻亦能充分豁顯聖人理境中，其本然
含有之「毋意，毋必，毋固，毋我」、無造無執之一面，彰顯此面，使聖人不
再被誤解爲終日不苟言笑、道貌岸然之「無情」之人，而是能應物興感，有
樂有哀之「有情」者，因其能「體無」，故雖有情，卻不滯陷於情。

　　總此二方面，可見出輔嗣經由「詭辭爲用」以會通儒道之曲線智慧，而
其體無用有之圓融體系，更爲魏晉玄學孔老會通之課題，奠立一個圓滿完整
之理論基礎，其後踵繼其迹而發展者，則有向、郭之《莊》注，此於下章討
論。

〔註80〕同前註，頁 79。

第三章　向郭之迹冥圓

第一節　引　言

　　《周易》、《老子》、《莊子》，後世稱之曰「三玄」，乃魏晉時期名士必讀之書，亦為玄學家素常清談之中心內容，然而三書之成為此一時期之必修「經典」，並非自始即然，事實上，其與注解家之詮解具有相因相成之關係。正始時期，《周易》、《老子》、《論語》等，經輔嗣、平叔之注解，已確立其堅定不移之地位，《莊子》一書，則至竹林時期，方見闡發，阮籍《達莊論》首揭專著之先聲，其《大人先生傳》，與夫嵇康之諸論，大抵亦深得莊生之宏旨。然使《莊子》得以躍入「三玄」之門牆，且奇趣振拔，玄風大暢，儒墨之迹因之見鄙，道家之言蔚然大盛者，則惟至向秀、郭象《莊子注》成，方濟其功，。本章將以《莊子注》為核心，先略及二人注《莊》之問題，再就注《莊》之內容，探討其「儒道會通」之主題上所達臻之理論成就。

一、注《莊》之疑案

　　《晉書》卷四十九「向秀傳」載：

> 向秀字子期，河內懷人也。清悟有遠識，少為山濤所知，雅好老莊之學。莊周著內外數十篇，歷世才士雖有觀者，莫適論其旨統也，秀乃為之隱解，發明奇趣，振起玄風，讀之者超然心悟，莫不自足一時也。惠帝之世，郭象又述而廣之，儒墨之迹見鄙，道家之言遂盛焉。〔註1〕

〔註1〕《晉書・向秀傳》云：「莊周著內外數十篇，歷世才士雖有觀者，莫適論其旨統也，秀乃為之隱解，發明奇趣，振起玄風，讀之者超然心悟。」頁1374。

《世說‧文學篇》劉注引《秀別傳》亦載有向子期注《莊》始末之故事，其曰：

> 秀與嵇康、呂安為友，趣舍不同。嵇康傲世不羈，安放逸邁俗，而秀雅好讀書。二子頗以此嗤之。後秀將注《莊子》，先以告康、安，康、安咸曰：「此書詎復須注？徒棄人作樂事耳！」及成，以示二子。康曰：「爾故復勝不？」安乃驚曰：「莊周不死矣！」〔註2〕

劉孝標注復引《竹林七賢論》云：

> 秀為此義，讀之者無不超然，若已出塵埃而窺絕冥，始了視聽之表。有神德玄哲，能遺天下，外萬物。雖復使動競之人顧觀所徇，皆悵然自有振拔之情矣。〔註3〕

向氏隱解出，而「莊周不死」，斯乃其「雅好讀書」，尋究旨統之效也，其於玄學推波助瀾之功亦可謂大矣，自是之後，讀《莊》之風氣已漸蔚然成風。今觀《晉書‧郭象傳》及《世說‧文學篇》所載向、郭注《莊》之關係，則與前引「向秀傳」有異，成為一樁千餘年來之注《莊》公案。〈文學篇〉曰：

> 初，注《莊子》者數十家，莫能究其旨要。向秀於舊注外為解義，妙析奇致，大暢玄風。唯「秋水」、「至樂」二篇未竟而秀卒。秀子幼，義遂零落，然猶有別本。郭象者，為人薄行，有儁才。見秀義不傳於世，遂竊以為己注。乃自注「秋水」、「至樂」二篇，又易「馬蹄」一篇，其餘眾篇，或定點文句而已。後秀義別本出，故今有向、郭二《莊》，其義一也。〔註4〕

此件聚訟千餘年之公案，歷來論之者多矣，而郭象究係「竊以為己注」？抑或「述而廣之」？因年世綿邈，加以史籍之記載前後牴牾，故後世之學者正反二面皆兼而有之，〔註5〕或為向秀伸張正義，或替郭氏鳴鼓喊冤，兩造皆各

〔註2〕 余嘉錫：《世說新語箋疏》，頁206。

〔註3〕 同前註。

〔註4〕 余嘉錫：《世說新語箋疏》，頁206。案：後文凡徵引《世說新語》之文或劉孝標之注，若為方塊引文，將直接於引文之後標明頁碼；如於內文中以引號徵引，唯恐影響敘述文脈，則仍以註文代交出處與頁碼。

〔註5〕 有關此一問題之討論，近人湯一介先生在楊明照先生整理之基礎上再作補充，歸納為二系：一系從《世說》及《晉書‧郭象傳》之說，以郭注乃竊自向秀者，持此主張者有：唐末新羅學士崔致遠之《法藏和尚傳》、高似孫《子略》、王應麟《困學紀聞》、焦竑《筆乘》、胡應麟《四部正譌》、謝肇淛《文海披沙》、陳繼儒《續狂夫之言》、王昶《春融堂集》、袁守定《佔畢叢談》、《四

自引述，儼然亦各成一家之言。然二種主張實並不妨礙「向、郭二《莊》，其義一也」之結論，且將二人之思想視如同轍，自古已然，所謂「《莊子‧逍遙篇》，舊是難處，諸名賢所共鑽味，而不能拔理於郭、向之外」〔註6〕者是也，劉孝標之注亦向、郭二氏，一義並舉。近世一些前輩學者之論點亦頗爲周延與中肯，如湯用彤先生《魏晉玄學論稿‧向郭義之莊周與孔子》曰：

> 《莊子》向秀、郭象二注之異同，近人多有論列。郭鈔向注，其例至多。《秋水》、《至樂》，子期亦似實未注（《秋水篇釋文》所引，均出於象之《莊子音》）。則《世說》所載，非全誣枉。然據今所考，向、郭所用《莊子》版本，互有不同。而子玄之注不但文字上與向注有出入，其陳義亦有時似較子期圓到，則《晉書‧向秀傳》所謂郭因向注「述而廣之」，固是事實。而向秀作注，自成一家，時人譽爲莊周不死（《世說注》），依今所知，郭氏精義，似均源出向之隱解。雖嘗述而廣之，然根本論據，恐無差異。故《世說》曰：「向、郭二《莊》，其義一也。」〔註7〕

如說郭象《莊子注》全是抄襲向秀之註解，則此等罪狀未免過大，因爲有些篇目向秀未及注，郭象之注是新注。然郭象之注大體是以向秀注爲底本，雖非全然抄襲，然向秀「發明奇趣」與「妙析奇致」之精彩內容卻全爲郭象注所吸納，若以今日嚴格之學術規範言之，他人深具創發性之見解，即使吾人在引用之時默然識之、心領神會，再以自己之口吻作更圓通性之說解，亦仍

庫全書總目提要》、《四庫簡目》、陸以湉《冷廬雜識》、劉宗周《人譜類記》、顧炎武《日知錄》、近人楊明照《郭象（莊子注）是否竊自向秀檢討》、壽普暄《由〈經典釋文〉試探〈莊子〉古本》等等。另一系主張則根據《晉書‧向秀傳》，對郭象注竊自向秀之說持懷疑態度，如：錢曾《讀書敏求記》、王先謙《莊子集解》、吳承仕《經典釋文序錄疏證》、劇盼遂《世說新語校箋》等。除湯氏歸納者外，近代學者探討此一問題者尚有：武內義雄《先秦經籍考‧莊子考》、馮友蘭《郭象的哲學》、陳寅恪《金明館叢稿二編‧逍遙遊向郭義及支遁義探源》、湯用彤《魏晉玄學論稿‧向郭義之莊周與孔子》、錢穆先生《莊老通辨‧記魏晉玄學三宗》、王叔岷〈莊子向郭注異同考〉、侯外廬《中國思想通史‧向秀與郭象的莊注疑案與莊義隱解》、牟師宗三先生《才性與玄理‧向郭之注莊》、周紹賢《魏晉清談述論‧向郭注莊》、嚴靈峰「爲郭象辨誣」、何啓民《竹林七賢研究‧向秀研究》、張亨〈莊子注的作者問題〉、黃錦鋐《莊子及其文學‧關於〈莊子〉向秀注與郭象注》、湯一介《郭象與魏晉玄學‧郭象與向秀》、福永光司〈郭象《莊子注》與向秀之《莊子注》〉」等。

〔註 6〕 余嘉錫：《世說新語箋疏》，頁 220。
〔註 7〕 湯用彤：《魏晉玄學論稿》，收錄於《魏晉思想》乙編三種，頁 107。

應於內文與註腳中述及，但郭象於注文與〈序〉文中卻無隻言片語提及此事，確實難脫剽竊之嫌。然而，秀未竟而卒，「秀子幼，義遂零落」，如自保存向秀精彩之「隱解」的角度言之，郭象也未必無功。故針對此注《莊》公案，本文亦採何啓民先生之說以爲準的：「諸家所取途徑互異，各有所得，莫不以象實用秀注，而象、之說初未有別。此爲近世學人對此問題作廣泛、深入研究後之所得，尋且成爲定說矣。」〔註8〕

二、生平傳略與學術著作

注《莊》之問題雖使郭象蒙上「行薄」之名，然其在元康時期玄學界之地位，亦猶如向秀在竹林時期一般，二人各自輝映一時。《世說》劉注引《魏世春秋》記載了有關向秀之事跡，其曰：

> 山濤通簡有德，秀、咸、戎、伶朗達有儁才。（頁537）

《世說・任誕篇》亦云：

> 陳留阮籍，譙國嵇康，河內山濤，三人年皆相比，康年少亞之。預此契者：沛國劉伶，陳留阮咸，河內向秀，琅邪王戎。七人常集于竹林之下，肆意酣暢，故世謂「竹林七賢」。（頁727）

此條是有關「竹林七賢」的記載，陳寅恪先生認爲：「竹林七賢」是崇尚「自然」的一方，其與主張「名教」者，在政治的立場上是相對立的，其云：

> 在當時主張自然與名教互異之士大夫中，其崇尚名教一派之首領如王祥、何曾、荀顗等三大孝，即佐司馬氏欺人孤兒寡婦，而致位魏末晉初之三公者也。其眷懷魏室不趨赴典午會，皆標榜老莊之學，以自然爲宗。……然則當時諸人名教與自然主之互異即是自身政治立場之不同，乃實際問題，非指玄想而已。觀嵇叔夜與山巨源絕交書，聲明其不仕當世，即不與司馬氏合作之宗旨，宜其爲司馬氏以其黨於不孝之呂安，即坐以違反名教之大罪殺之也。〔註9〕

嵇康的被殺，對本有「箕山之志」的向秀而言，確實造成甚大的衝擊，「巢、許狷介之士，不足多慕。」〔註10〕正表示著當時的士人面對動輒以「名教」

〔註8〕何啓民：《竹林七賢研究》（臺北：學生，1978年），頁118～119。

〔註9〕陳寅恪：《金明館叢稿初編・陶淵明之思想與清談之關係》（臺北：里仁，1981年），頁182。

〔註10〕《世說・言語篇》載：「嵇中散既被誅，向子期舉郡計入洛，文王引進，問曰：『聞君有箕山之志，何以在此？』對曰：『巢、許狷介之士，不足多慕。』王

之名義殺人的一種無奈與妥協。

　　前小節提到到劉孝標之引文：「秀與嵇康、呂安爲友，趣舍不同」，何啓民先生因是而言：「《秀別傳》以秀雅好讀書而注《莊》，康、安則以書詎復須注，徒棄人作樂事爲說。以此觀之：是康重得意，而秀主求解。得意，意自得之爲是；求解，解他意之本如。……然則嗣宗以文，叔夜以意，子期以理，用此立論，用此立說，用此處事，用此處人，雖趨向不異，精神固自不同。」〔註11〕何先生指陳出七人雖志趣相近，然「嗣宗以文，叔夜以意，子期以理」，各人之神采與特長仍然有別。

　　「竹林七賢」乃是後世對此時期任誕之風的一種嚮往，七人的個性雖有不同，其同遊也未必爲事實，然此一名詞卻具有甚大之表意功能，一爲任誕放達之風，一爲此一時期朗達儁才之士。向秀即爲此時期代表人物之一，但他不憤世嫉俗，亦不任誕傲放，唯與嵇康、呂安，友好莫逆，曾共遊於竹林，〔註12〕亦曾助康冶鍛。而個性沈潛內斂，「雅好讀書」，故於《莊子》沈尋往復，終能總持大義，得其玄珠，由其「隱《莊》之絕倫」，亦足見其具玄智，精玄解，故能相應於《莊子》，一如輔嗣之相應於《老子》，皆得抉其幽微，發其玄理，使湮沒已久之莊學旨統，復暢於世，亦使之「會通儒道」爲指歸之正始玄風，復振於竹林。

　　向秀之著作，今可考者有：

　　《莊子注》二十卷：《隋書》《舊唐書》《新唐書》均著錄。

　　《莊子音》一卷：《隋書》著錄。

　　《周易注》：文廷式《補晉書藝文志》著錄，《世說‧文學篇》注引《秀別傳》曰：「注《周易》，大義可觀，而與漢世漢儒互有彼此。」張璠《周易集解》曾收引之，今馬國翰《玉函山房輯佚書》尚輯有數條。

　　《儒道論》：《秀別傳》曰：「弱冠著《儒道論》，棄而不錄。」

　　《向秀集》二卷，錄一卷：《隋書》《舊唐書》《新唐書》均著錄。

　　由史志存錄之著作言之，其儒道兼修之志趣亦甚爲顯明，況且弱冠即著《儒道論》，謝靈運〈與諸道人辨宗論〉亦曰：「向子期以儒道爲一」，〔註13〕

　　　　大咨嗟。」余嘉錫：《世說新語箋疏》，頁79。
〔註11〕何啓民：《竹林七賢研究》，頁162～163。
〔註12〕《昭明文選》卷二十一「五君詠」李善注引《魏氏春秋》曰：「康寓居河內之山陽縣，與河內向秀友善，遊於竹林。」（臺北：中華，1965年），頁12。
〔註13〕《廣弘明集》卷二十（臺北：中華，1981年），頁9。

故其《莊子注》大開「援儒入道」之玄風亦可想望焉。

郭象，字子玄，《晉書》卷五十有傳，言其「少有才理，好《老》、《莊》，能清言」。《世說，賞譽篇》亦曰：

> 郭子玄有俊才，能言《老》、《莊》。庾敳嘗稱之，每曰：「郭子玄何必減庾子嵩。」（頁 435）

又云：

> 王太尉（衍）云：「郭子玄語議如懸河瀉水，注而不竭。」（頁 438）

又劉注引《文士傳》曰：

> 象字子玄，河南人。少有才理，慕道好學，託志《老》、《莊》。時人咸以為王弼之亞。……作《莊子注》，最有清辭遒旨。（頁 206）

另《世說‧文學》有一則亦載曰：

> 裴散騎娶王太尉女。婚後三日，諸婿大會，當時名士，王、裴子弟悉集。郭子玄在坐，挑與裴談。子玄才甚豐贍，始數交未快。郭陳張甚盛，裴徐理前語，理致甚微，四坐咨嗟稱快。（頁 209）

郭象豐贍俊拔之才，於此數則中朗然可見，年少即具才理，亦自然穎悟之人也，又好《老》、《莊》之學，精擅清言，每為議論，「其辭清雅，奕奕有餘，吐章陳文，如懸河瀉水，注而不竭」。〔註 14〕後人稱其《莊子注》「最有清辭遒旨」，亦非無故。

郭象之著作，史志著錄者有：

《莊子注》三十三卷，三十三篇：《經典釋文‧敘錄》。

《論語體略》二卷：《隋書》、《舊唐書》、《新唐書》均著錄。

《老子注》：文廷式《補晉書藝文志》著錄，並云：「唐張君相三十家《老子注》有郭（象），劉（仁會）二家。」

《論語隱》一卷：《隋書》存錄。

《致命由己論》：《文選》劉孝標「辯命論」，李善注云：「郭子玄作《致命由己論》，言吉凶由己。」

《碑論》十二篇：《晉書‧郭象傳》。

《郭象集》二卷：《梁書》、《舊唐書》、《新唐書》均著錄，或作「五卷」。

〔註14〕孫綽答王衍之語。《北堂書鈔》引《語林》云：「王太尉問孫興公曰：『郭象何如人？』答曰：『其辭清雅，奕奕有餘，吐章陳文，如懸河瀉水，注而不竭。』」《北堂書鈔》（臺北：文海，1962 年），頁 54。

其著作中，《論語體略》尚爲江熙《論語解》十三家中之一家，《老子注》亦爲唐末杜光庭《道德眞經廣聖義》中所列六十餘家注疏箋注中之第七家，其書後代雖皆佚失，但既爲後人重視採用，亦顯見其足以成爲一家之言；而其兼綜儒道之旨趣，與向秀「以儒道爲一」者，歸趣顯然相同。正始以還儒道兼修之流風餘韻，經竹林，而至元康，非惟絲毫未衰，亦且更拓宇於《莊子》一書，而使儒道會通之理論體系更臻於完密，斯向秀發其始，而郭象應其終，故元康之人以「王弼之亞」譽之。

在出處方面，向、郭二人亦有數分貌似，少時皆懷不羈之志，無意仕途，《向秀別傳》曰：

> （秀）少爲同郡山濤所知，又與譙國嵇康、東平呂安友善，並有拔俗之韻，其進止無不同，而造事營生業亦不異。常與嵇康偶鍛於洛邑，與呂安灌園於山陽，不慮家之有無，外物不足怫其心。〔註15〕

其後，康、安被誅，秀懼禍，乃入仕京師，《晉書·向秀傳》曰：

> 康既被誅，秀應本郡計入洛，文帝問曰：「聞有箕山之志，何以在此？」秀曰：「以爲巢、許狷介之士，未達堯心，豈足多慕。」帝甚悅。〔註16〕

郭象少時亦「慕道好學，託志老、莊」，〔註17〕《晉書·郭象傳》言其「州郡辟召，不就，常閑居，以文論自娛」，但這並未維持很久，同傳云：

> 後辟司徒掾，稍至黃門侍郎，東海王越引爲太傅主簿，甚見親委，遂任職當權，熏灼內外，由是素論去之。〔註18〕

二人貌似之處在於皆是先拔擢於世俗之外，不爲外物與功名動心，但是否發自於內在之眞性情，則未必然，向秀之出仕，似是迫於現實，「畏法而至」〔註19〕者，故其《思舊賦》云：「惟追昔以懷今兮，心徘徊以躊躇。棟宇在而弗毀兮，形神逝其焉如。」〔註20〕內心之糾結矛盾溢於言表；其屈服於現實之無奈盈然

〔註15〕　《世說·言語篇》劉注引，頁79。
〔註16〕　《晉書·向秀傳》，頁1374。
〔註17〕　《世說·文學篇》劉注引《文士傳》，頁206。
〔註18〕　《晉書·郭象傳》，頁1396～1397。
〔註19〕　《世說·言語篇》曰：「司馬景王東征，取上黨李喜，以爲從事中郎。因問喜曰：『昔先公辟君不就，今孤召君，何以來？』喜對曰：『先公以禮見待，故得以禮進退；明公以法見繩，喜畏法而至耳！』」《世說新語箋疏》，頁77。
〔註20〕　《晉書·向秀傳》，頁1375。

流露，故其後「在朝不任職，容迹而已」。〔註21〕

　　但郭象則不然，「任事用勢，傾動一府」，因之非惟「素論去之」，苟晞更
上表揭發其罪曰：

　　　東海王越得以宗臣遂執朝政，委任邪佞，寵樹姦黨，至使前長史潘

　　　滔，從事中郎畢邈，主簿郭象等操弄天權，刑賞由己……。〔註22〕

二人雖皆出仕，在作為上卻相去如此之遠。但或迫於無奈，或出於本然；或
在朝容迹，或操弄大權，在行為上皆有一套理論為其根據，此即向子期所云
「以為巢、許狷介之士，未達堯心」者也。其又曰：

　　　夫實由文顯，道以事彰，有道而無事，猶有雌無雄耳。〔註23〕

故其出仕，本為義理上之必然，只不過是身處「魏晉去就，易生嫌疑，貴賤
並沒」之時代，內心具有身不由己之無奈，因之而「徘徊以躊躇」耳。

　　「有道而無事，猶有雌而無雄」，在《莊子注》之〈序〉文中有更積極之
表意方式，即為「內聖外王之道」，此「道」被「以儒道為一」與「有清辭遒
旨」之向、郭賦予新穎之意涵，故前者可「雅好《老》、《莊》之學」，又可言
「巢、許狷介之士，未達堯心，豈足多慕」。後者亦可嗜好《老》、《莊》，又
不妨「任職當權，熏灼內外」。

　　「內聖外王之道」本為儒家成己成物之工夫展現，其中涵蘊一套主客觀
統一之大成圓教體系。而在向、郭之《莊子注》中，亦存有不同體式之「內
聖外王之道」，而其在體用義上亦至乎一絕對性之圓滿。此種圓滿有別於儒家
存在體性上主客觀合一之圓，而是主觀境界形態上絕對極致之圓，此在《莊
子注》中，稱之為「迹冥圓」，此圓既非儒家圓教之圓，在義理內涵上亦超越
出道家原初之義，而是以儒家「外王」之業為「迹」，而以道家沖虛玄德之妙
用為「內聖」、為「所以迹」、為「冥」。再將「迹」與「冥」二層當下圓應一
如，儒、道二家遂冥然大通；而在此圓照中，存在體個個無待自足，自爾獨
化，顯其絕對性與唯一性。

　　在魏晉玄學之發展中，向郭「迹冥圓」，可謂是體用論體系之極致，亦是「儒
道會通」之理論尖峰，自何平叔抽象性單顯「無體之自己」，經由王輔嗣「守母

〔註21〕同前註。

〔註22〕《晉書・苟晞傳》，頁 1669。

〔註23〕《列子・黃帝篇》張湛注引向秀《莊子注》文（臺北：廣文，1971 年），頁
　　　　26。

守子，崇本舉末」之分解說，在此基礎水平上，更進一步將境界形態形上學發揮得淋漓盡致，「體」、「用」，「無」、「有」，「母」、「子」，「本」、「末」，「一」、「多」諸概念不再井然對立，「天下萬物生於有，有生於無」成爲不可理解句，「生」不可理解，要說「生」，必是「自生」，非從「無」生；「有」亦是自有，非從「無」而有；言「用」，則是「自爾獨化」之用；「迹」與「所以迹」必冥合爲一；而「無心」者，必可「順有」；「游外」必可「弘內」；「宅心玄虛」，則必不會「輕忽人事」；「無爲」非拱默山林以玄虛自守，而是「取於堯而足」；能令天下治者，方得謂眞正之「無爲」；「若獨亢然立乎高山之頂，守一家之偏尙」，則將僅是「俗中一物」耳。凡此諸義，皆是向、郭「迹冥圓」體系之意涵。魏晉玄學中，「道體儒用」之體用觀，至此具備一圓滿精熟之體系。

　　此下依「自生自有」、「自爾獨化」，「迹冥圓」諸綱領，逐次討論其義理體系。

第二節　自生自有

　　「自生」這一概念之提出，最早可推溯至王充之《論衡》，其「自然篇」曰：

　　　　天地合氣，萬物自生，猶夫婦合氣，子自生矣。〔註24〕

「物勢篇」亦云：

　　　　夫天地合氣，人偶自生。〔註25〕

但《論衡》中所言之「自生」，主要是反對「天地故生人」、「天地故生物」之兩漢天人感應目的論，重點在揭示經驗界中之人與物，其生生化化皆「自己如此」之自然狀態，非有故也，故曰：「天地不欲以生物，而物自生，此皆自然也。」〔註26〕而其「自然」，則是天地施氣之自然，是就現象界之實然而平說，非如道家意指一自由自在、自爾自適、無所依傍、超然獨立之精神觀照境界之「自然」義，故其「自生」，與本小節所討論者，在意涵上迥然不同。

　　在魏晉玄學家中，裴頠亦提出「自生」一義，以作爲其《崇有論》中，「有」

〔註24〕〔漢〕王充：《論衡》（臺北：商務，1983 年），頁 775。
〔註25〕同前註，頁 136。
〔註26〕同前註，頁 775。

如何產生之理論基礎。《崇有論》之寫作動機，係純出於道德風教之意趣，所謂「頗深患時俗放蕩，不尊儒術，何晏、阮籍素有高名於世，口談浮虛，不遵禮法，尸祿耽寵，仕不事事；至王衍之徒，聲譽太盛，位高勢重，不以物務自嬰，遂相放效，風教陵遲，乃著〈崇有〉之論以釋其蔽。」〔註27〕文中因反對玄虛空無之清談，遂反對「有生於無」之說，其曰：

夫至無者無以能生，故始生者自生也。自生而必體有。〔註28〕

然其所理解之「無」，僅是「有之所謂遺者也」，亦即是「有」之否定，無任何作用之虛無、死無，也就是「不存在」（nothingness），而非道家從主體生命上說之妙用無窮之沖虛玄境，故其結論「濟有者皆有也，虛無奚益於已有之群生哉！」〔註29〕謂其專為針對時代風尚，猶可言說，苟持之以反對何、王體用義之「無」，則全然未有錙銖相應者，而其「自生」之說，也與王充一般，流於氣化上「實然」層之平說而已。

因之，順著輔嗣「不生之生」之理路，最早觸及「自生」之意涵，而言物皆「欻爾自造」者，當首推韓康伯，其《周易·繫辭傳》注曰：

神也者，變化之極，妙萬物而為言，不可以形詰者也，故曰：「陰陽不測」。嘗試論之曰：原夫兩儀之運，萬物之動，豈有使之然哉？莫不獨化於大虛，欻爾而自造矣。造之非我，理自玄應，化之无主，數自冥運，故不知所以然而況之神。是以明兩儀以太極為始，言變化而稱極乎神也。夫唯知天之所為者，窮理體化，坐忘遺照。至虛而善應，則以道為稱；不思而玄覽，則以神為名。蓋資道而同乎道，由神而冥於神者也。（頁 543～544）

「無」與「有」之關係，本是「體」與「用」之關係，雖以具體字之「生」為說，亦只是描述上之方便，不可理解成此物生彼物之「生」，故輔嗣已明確點明其為「不生之生」，不生之生，則無時間上之先後，而只具有邏輯上衍出之意義，即是就現象界之萬物指點出背後之形式根據而已。然此指點，亦非實有形態式之指點，而是收攝於主觀境界形態下之沖虛玄境，此玄德之境「一起一切起，一止一切止」，妙應無方，萬物即依止於此主體之觀照而如如存在，如如朗現，並非真有「使之然」者，了解此義，則自然可知萬物「莫不獨化

〔註27〕 《晉書·裴頠傳》，頁 1044。
〔註28〕 同前註，頁 1046。
〔註29〕 同前註，頁 1047。

於太虛，欻爾而自造」之究極義蘊，至神妙用，出乎沖虛玄德之體，故曰：「資道而同乎道，由神而冥於神」。

康伯此注，已深刻抉發境界形態之奧蘊，萬物獨化於太虛，欻爾自造，非僅是玄理上之絕唱，更爲向、郭「自生」說之前驅。

向、郭「自生」之說，遠承輔嗣「不生之生」之緒，近接康伯「陰陽不測」之意，詭辭以爲用，沖虛玄德之境界義蘊亦抉發無遺，其云：

> 無也，豈能生神哉？不神鬼帝而鬼帝自神，斯乃不神之神也；不生天地而天地自生，斯乃不生之生也。故夫神之果不足以神，而不神則神矣，功何足有，事何足恃哉！（〈大宗師〉注，頁 248）〔註30〕

輔嗣「絕聖而後聖功全，棄仁而後仁德厚」之旨，其於沖虛玄德之主體境界，可謂體會無遺矣。然「自生」說之進於此者，則在於將「有」生於「無」，「道」生「物」等分解性之表示，轉爲渾化而非分解之表示。分解地說「有」生於「無」，「物」生於「道」，雖其實義亦是「道」不生「物」，而讓物自生；但在說法上，仍會有「道」超然獨立於「物」之上，爲「物」之所從出之義，即「道」似是一客觀之實有，雖然「無」之實體性與客觀性僅是個「姿態」，但此「姿態」亦足以令人產生誤解，以爲在萬物之上有一個「無」或「道」以主宰生化，故「自生」說之首要用意，即在於解除「無」之客觀實體性地位，其曰：

> 世或謂罔兩待景，景待形，形待造物者。請問：夫造物者，有耶無耶？無也？則胡能造物哉？有也？則不足以物眾形。故明眾形之自物而後始可與言造物耳。（〈齊物論〉注，頁 11）

向、郭於此方面所費之心力不可謂少，蓋「貴無」之說，傳之既久，遂使人眞以爲有一造物、使物之曰「無」者，猶佛教即假言「空」，言之既久，遂或使人執著耽溺於「空」，故而要「空空」，詭辭爲用，蕩相遣執。向、郭亦用即遮即顯之方式，既遮「無」之實體性，亦顯物之「自生」性，而其遮法，則以義訓爲之，其曰：

> 一無有則遂無矣。無者遂無，則有自欻生明矣。（「庚桑楚」注，頁 802）

〔註30〕 下文中之方塊引文凡引用《莊子》原文、郭象注文、與陸德明《經典釋文》，一律採用郭慶藩輯之《莊子集釋》（臺北：河洛，1974 年），並直接於引文下標明篇名頁碼，不另作註。

> 夫莊、老之所以屢稱無者，何哉？明生物者無物，而物自生耳。自
> 生耳，非爲生也，又何有爲於已生乎！（〈在宥〉注，頁 381～382）

> 夫無有何所能建？建之以常無有，則明有物之自建也。（〈天下〉注，
> 頁 1094）

> 大塊者，無物也。夫噫氣者，豈有物哉？氣塊然而自噫耳。物之生
> 也，莫不塊然而自生，則塊然之體大矣，故遂以大塊爲名。（〈齊物
> 論〉注，頁 46）

「無」本爲本體之名，在《老子》中，原是針對有爲造作而發，「無爲」是工
夫，而即工夫即本體，遂提鍊「無」作爲境界義之本體，向、郭則以義訓方
式，將之訓解爲「不存在」（non-being）、「無物」（nothingness），使「無」成
爲一個不具任何內容性之死無，既不具內容，則亦「無朕迹」可見：

> 萬物萬情，趣舍不同，若有眞宰使之然也。起索眞宰之朕迹，而亦
> 終不得，則明物皆自然，無使物然也。（〈齊物論〉注，頁 56）

無內容，無朕迹，其生化妙運亦蕩然不存：

> 知道者，知其無能也；無能也，則何能生我？我自然而生耳。（〈秋
> 水〉注，頁 588）

> 此所以明有之不能爲有而自有耳，非謂無能爲有也。若無能爲有，
> 何謂無乎！（〈庚桑楚〉注，頁 802）

> 此天籟也。夫天籟者，豈復別有一物哉？即眾竅比竹之屬，接乎有
> 生之類，會而共成一天耳。無既無矣，則不能生有；有之未生，又
> 不能爲生。然則生生者誰哉？塊然而自生耳。自生耳，非我生也。
> 我既不能生物，物亦不能生我，則我自然矣。自己而然，則謂之天
> 然。天然耳，非爲也，故以天言之。（以天言之）所以明其自然也，
> 豈蒼蒼之謂哉！而或者謂天籟役物使從己也。夫天且不能自有，況
> 能有物哉！故天者，萬物之總名也，莫適爲天，誰主役物乎？故物
> 各自生而無所出焉，此天道也。（〈齊物論〉注，頁 50）

但遮面僅是向、郭方法上之運用，其眞正義旨無非在於凸顯境界義之「自
生自有」；「自生自有」，兩「自」字皆是副詞性功能之修飾語，其意爲物「自
然而生」，「自然而有」，非物自己生自己，或同類性之此物生彼物。他認爲：
「無」不能生「有」，「有」亦不能生「有」，此「有」不能生彼「有」，因爲

既已爲「無」，「則胡能造物哉」？而既已爲「有」，則「不足以物眾形」；如果此「有」能生彼「有」，則又將「尋責無極」，卒至追溯到一個「造物者」，此與前提又背道而馳矣！故「明造物者無主，而物各自造」，〔註31〕物各自造，故物之生皆「自然而生」，其有亦「自然而有」，非惟「無」不能生之，「有」亦不能生之，皆物之所有，自然而然耳。

　　物自然而生，自然而有，在表述一物之存在，其所以存在並無原因可言，是「不知所以因而自因」，亦即是「天機自爾，坐起無待」：

　　　　無待而獨得者，孰知其故，而責其所以哉？若責其所待而尋其所由，
　　　　則尋責無極。（〈齊物論〉注，頁111）

若依循因果法則以探究其「第一因」，則將無窮無盡，但即使「尋原至極」，也只能得到「無故而自爾」：

　　　　誰得先物者乎哉？吾以陰陽爲先物，而陰陽者即所謂物耳。誰又先
　　　　陰陽者乎？吾以自然爲先之，而自然即物之自爾耳。吾以至道爲先
　　　　之矣，而至道者乃至無也。既以無矣，又奚爲先？然則先物者誰乎
　　　　哉？而猶有物，無已，明物之自然，非有使然也。（〈知北遊〉注，
　　　　頁764）

就「因」地而言，其「不知所以因而自因」，就「果」地而說，其亦無目的性，是「無故而自合」之「天屬」：

　　　　夫無故而自合者，天屬也，合不由故，則故不足以離之也。然則有
　　　　故而合，必有故而離矣。（〈山木〉注，頁686）

苟「有故」而存，則必「有故」而亡，斯則失其「自生自有」之旨，故唯如「天不爲覆，故能常覆」，不故爲生，則「時自生」：

　　　　夫變化之道，靡所不遇，今一遇人形，豈故爲哉？生非故爲，時自
　　　　生耳。務而有之，不亦妄乎！（〈大宗師〉注，頁263）

有所目的，則必欲有所作爲，甚而欲「務而有之」，但「生」不可務之而有，「有」亦不可務而有之，一切皆是「塊然而自有」：

　　　　夫身者非汝所能有也，塊然而自有耳。身非汝所有，而況道哉！若
　　　　身是汝有者，則美惡死生，當制之由汝。今氣聚而生，汝不能禁也；
　　　　氣散而死，汝不能止也。明其委結而自成耳，非汝有也。（〈知北遊〉
　　　　注，頁739）

〔註31〕皆見〈齊物論〉注，《莊子集釋》，頁111～112。

一切既皆是「不爲而自成」，故不可「有意乎生成之後」，而即使有意「營生」，也只是妄然，因爲美惡生死，並非操之在己，而是氣自然而聚，自然而散，委然自成，非人之意志性所能得爲。

「氣聚而生」、「氣散而死」並非意味生之所以得生，乃憑藉「氣」而能之，如此則「氣」又成爲絪縕生化者。但生是「天機自爾」、「無待而獨得」，是「上不資於無，下不得於知，突然而自得此生」，無任何憑藉性，亦無任何條件性，故「氣聚而生」者，塊然而生耳。

無原因，無目的，無條件，無憑藉，亦無物自身之意志，此自然而生，自然而有之意涵，亦猶龍樹《中論》所云之「諸法不自生，亦不從他生，不共不無因，是故知無生」。「知無生」者，「生」之一義不可理解也。「自生」之諸種屬性亦無非在遮撥「生」之「可被理解性」，其究極義蘊亦在於：「生」之一義不可理解。此義蘊之獲得卻非如龍樹般以分解方式而得，而以詭辭爲用之方式，直接翻上來而繫屬於「俛然而自得」之渾化境界：

> 物之生也，非知生而生也，則生之行也，豈知行而行哉！故足不知所以行，目不知所以見，心不知所以知，俛然而自得矣。（〈秋水〉
> 注，頁 593）

既當下自渾化處言「生」、「有」皆各自然，「不知所以然而然」，則「夫死者已自死，而生者已自生；圓者已自圓，而方者已自方，未有爲其根者」，﹝註32﹞即無一積極之理性根據，蓋積極之理性根據乃由分解而得，此由「自生」說之立場視之，則爲「責其所待而尋其所由」之「尋責無極」，此種辨解性之追溯，並「不足以得眞」，故其無超越性之分解，因之亦無超越之根據者，所謂「欻然自生，非有本；欻然自死，非有根」，﹝註33﹞無本無根，一切皆「自爾，故不知所以」，其言又曰：

> 凡此上事，皆不知其所以然而然，故曰芒也。今未知者皆不知所以知而自知矣，生者皆不知所以生而自生矣。萬物雖異，至於生不由知，則未有不同者也，故天下莫不芒也。（〈齊物論〉注，頁 61）

芒者，「未知所以知而自知」、「不知其所以然而然」，而「天下莫不芒」者，因「尋責無極」之分解追溯，其自身是一種牽引歧出，駘蕩追逐，自陷其中，則「所好不過一枝而舉根俱弊」，如此則是「以其所知害其所不知」，既喪其

﹝註32﹞ 《莊子‧知北遊》注，《莊子集釋》，頁 736。
﹝註33﹞ 《莊子‧庚桑楚》注，《莊子集釋》，頁 800。

眞，又且自困。若夫「知之盛」者則：

> 知人之所爲者有分，故任而不彊也，知人之所知者有極，故用而不
> 蕩也。故所知不以無涯自困，則一體之中，知與不知，闇相與會而
> 俱全矣，斯以其所知養所不知者也。（〈大宗師〉注，頁 225）

人之所知有極，莫以無極自困，因之「生」之一義，非惟不可理解，亦不必
「用知」去理解，人所能與所須知者是：物皆自然而生、自然而有，不知所
以然而然。

　　「自生」說之建立，自向子期至郭子玄，似乎確有「述而廣之」之發展，
向注之言曰：

> 吾之生也，非吾之所生，則生自生耳，生生者豈有物哉！〔無物也〕，
> 故不生也。吾之化也，非物之所化，則化自化耳，化化者豈有物哉？
> 無物也，故不化焉，若使生物者亦生，化物者亦化，則與物俱化，亦
> 奚異於物，明夫不生不化者，然後能爲生化之本也。〔註34〕

此段之旨在於揭示生生者無物，化化者亦無物，生自生，化自化耳。然生物、
化物者與物之間，尚隱然存有一道溝塹，故曰：「若夫生物者亦生，化物者亦
化，則與物俱化，亦奚異於物」。「生自生，化自化」，可謂已深刻闡發沖虛玄
境之無限妙用，然在融化中尚留有分解性之痕迹，故「生化之本」與「物」
是截然有隔，而未臻乎「欻然自生，非有本；欻然自死，非有根」之化境。
而在另一段注文中，更可比對出二人觀點之差異處，《列子・黃帝篇》張湛注
引向子期對〈達生篇〉「夫奚足以至乎先，是色而已」之注文，其曰：

> 同是形色之物耳，未足以相先也。以相先者，唯自然也。〔註35〕

同句之注文，郭注保留前二句，而刪去「以相先者，唯自然耳」。

　　該句之刪除，關係者「生物之本」之存有與否，因爲「自然」既先物，
則其隳舌之意尚爲萬物之存在根據，此與「誰得先物者乎哉？……吾以自然
爲先之，而自然者，即物之自爾也」在對顯之下，則不如後者在主觀境界義
上發揮得更爲淋漓透徹，此或與「無既無矣，則不能生有」，徹底遮除「生物
之本」之實體性姿態有關。

　　郭子玄與裴頠二人皆提出「無不能生有」之論點，二人亦皆是元康時期
之名士，裴頠在《崇有論》中曾述及元康之風尚曰：

〔註34〕《列子・天瑞篇》，張湛注引，頁 578。
〔註35〕同前註，頁 588。

虛無之言，日以廣衍，眾家扇起，各列其說。上及造化，下被萬事，
莫不貴無，所存僉同。〔註36〕

「眾家扇起，各列其說」，「貴無」說在當時之盛況，可想見焉，而裴頠志在
挽頹拯弊，故其「至無者無以能生」之提出，當係針對時弊而發，而在其反
「貴無」之論旨中，其對於「無」之描述是「虛無是有之所謂遺者也」、「濟
有者皆有也，虛無奚益於已有之群生哉！」〔註37〕可顯見當日非僅盛行「無
生有」，亦且執「無」以為高高在上，「上及造化，下被人事」之造化者，故
二人「無不能生有」之思想緣起，當係出於矯枉歸正之意，只不過裴頠顧此
失彼，其於日益陵遲之名教或有挽頹之力；然在義理內涵上，卻將輔嗣「本
末有無」之體用圓融義趨入死胡同，老、莊沖虛玄境之無限妙用遂成為絲毫
無益於群生之棄物。

郭子玄「無既無矣，則不能生有」是否亦與之同然？此則須檢視其與《道
德經》「天下萬物生於有，有生於無」之內在意涵有無悖違之處。在《老子》中，
「無生有」可說，因其「無」是沖虛玄德，妙應無方之本體，發而為無量無邊
之用乃理上之必然。而在郭注中，「無不能生有」亦可說，因其已將「體用有無」
冥然渾化，當體而觀，此牟師宗三先生稱之為「動觀則有，靜觀則無」，其言曰：

分解言之，即可說「無生有」。自主體之渾化境界言，則即無所謂「無
生有」。故吾以「動觀則有，靜觀則無」解之。（有者有此「無生有」
之義，無者無此義也。）而郭注之言「無既無矣，則不能生有」，是
在「靜觀則無」之方式下說之。其初意只是將分解方式下置於萬物
背後之「無」，翻上來，而自主體之渾化境界上以言之，故只剩一自
足無待義。自足無待即自生、自在之自然也。〔註38〕

動觀則有「無生有」義，靜觀則「體用有無」玄然冥合，斯則不可言「無生
有」矣，「非唯無不得化而為有，有亦不得化而為無」，「生」之一義成為不可
理解者；「生」不可理解，亦不必理解，因萬物皆自然而生、自然而化，「明
物物者，無物而物自物耳。」〔註39〕物「自」物，而物物者已涵蘊於其中，「故
冥也」。冥者，道不生物，亦「不逃物」，〔註40〕道即在物中，道、物冥於一

〔註36〕見《晉書‧裴頠傳》所引《崇有論》，頁1046。
〔註37〕同前註。
〔註38〕牟師宗三：《才性與玄理》，頁199。
〔註39〕《莊子‧知北遊》注，《莊子集釋》，頁753。
〔註40〕同前註，頁750。

體，已無所謂「道」者、「物」者；其又曰：「天籟者，豈復別有一物哉？即眾竅比竹之屬，接乎有生之類，會而共成一天耳。」〔註41〕言物，即是「道」、「物」冥一之物，因之每一物之存在，其自身當下即是自爾獨化，化無化相，一切人為造作而加於其上之種種關係相皆泯絕，此亦即向郭《莊》注所云：「大小逍遙一也」之義。

　　本小節旨在闡述「無」與「有」之關係，在魏晉玄學中，亦即是「體」和「用」二者之關係，但「用」和「有」已非先秦道家原來所表述之消極性意涵，而有一積極性之開展，此本為以「儒道會通」為主題之理論體系所欲拓展之方向。

　　在《老子》中，「無」和「有」是經過「生」字才使二者產生關連。至何平叔，雖亦借重「生」字，卻純然只是後返性之追溯，「生」之切當性理解已明朗化為「超越根據」之義。迄於王輔嗣，闡明道之生為「不生之生」之義，遂使沖虛玄境之觀照妙用朗然透顯。

　　本來，在道家之義理中，本身就沒有「本體」與「作用」二層之分別，其「無」所表意之沖虛主體，即是玄應無方之作用，輔嗣在「無」、「有」對顯之分解中揭示此一意涵。其後，向郭乃在此基礎上，更進一步轉分解為融化，將「無」、「有」二端同時遮撥，即遮即顯，凸顯一非「無」非「有」、即「無」即「有」之當體圓融，沖虛玄德不復只是一理境，而且是具體生命當下真實之展現，雖然此妙用仍然是道家消極性應迹之觀照，但在展現中，卻涵有一積極性之義蘊，即一切存在——無論是存在物，亦或是存在活動——皆有其存在之必然性，其「有」，皆是沖虛玄德之作用下之「有」，皆是玄德藉以呈現其自己者，此即所謂「無因於有」之義，雖儒家之禮樂教化與人倫德業，皆不能外之，是故「自生自有」之當體圓融觀，實亦即是向、郭融化道家之「無」與儒德之「有」為一體之體用觀，此為其「以儒道為一」之「迹冥圓」在理論體系上所跨出之第一步。

第三節　自爾獨化

　　據前文，可知向、郭之「自生」說在解消「無」與「有」、「道」與「物」在分解表示中所顯出之分際性，在消解之過程中，向、郭把「無」視之為「不

存在」（non-being）或「無物」（nothingness），雖然偏離了道家之原意，但不管其為有意，亦或無意，其解除「無」之「造物主」地位並無錯誤，在《老》、《莊》中，「無」、「道」皆非客觀之實體。此步消解或有其外因性之需要，而經由此一過程，非惟「無」不再是個「造物主」，甚而在分解說中「無」、「有」之體用綱架及其關係網絡亦皆不能成立，故其所言之「有」，不復是「無」、「有」對舉中之「有」，而是一絕對性、獨一性之存在，「『有』何以能存在」成為一個毫無意義性之問題，因為「生」既已不可理解，則循因果性法則，而追問物之存在之超越根據而成之依待鏈索亦不得成立，而對於「存在」只有一個唯一性之解釋，即「自然而然」，「不知其所以因而自因」之「自爾」：

> 世或謂罔兩待景，景待形，形待造物者。請問：夫造物者，有耶無耶？無也？則胡能造物哉？有也？則不足以物眾形。故明眾形之自物而後始可與言造物耳。是以涉有物之域，雖復罔兩，未有不獨化於玄冥者也。故造物者無主，而物各自造，物各自造而無所待焉，此天地之正也。故彼我相因，形景俱生，雖復玄合，而非待也。明斯理也，將使萬物各反所宗於體中而不待乎外，外無所謝而內無所矜，是以誘然皆生而不知所以生，同焉皆得而不知所以得也。今罔兩之因景，猶云俱生而非待也，則萬物雖聚而共成乎天，而皆歷然莫不獨見矣。故罔兩非景之所制，而景非形之所使，形非無之所化也，則化與不化，然與不然，從人之與由己，莫不自爾，吾安識其所以哉！故任而不助，則本末內外，暢然俱得，泯然無迹。若乃責此近因而忘其自爾，宗物於外，喪主於內，而愛尚生矣。雖欲推而齊之，然其所尚已存乎胸中，何夷之得有哉！（〈齊物論〉注，頁111）

「自爾」者，是「物各自然，不知所以然而然」，故言物之生，是「誘然皆生而不知所以生，同焉皆得而不知所以得」，故一物之存在，與其何以如此存在，皆無原因性可說，只是「自然」，所謂「大物必自生於大處，大處亦必自生此大物，理固自然」，又云：「大鵬之能高，斥鴳之能下，椿木之能長，朝菌之能短，凡此皆自然之所能，非為之所能也」。〔註42〕

在原始道家中，其對經驗世界之生成衍化本不從客觀宇宙論立場詮釋，

〔註42〕《莊子·逍遙遊》注，《莊子集釋》，頁4、20。

而是收攝於主觀方面，隨主體境界而起現，若生命主體不能逆反至無執無爲之沖虛玄境，則成心之知與情識之執將使一切之存在有大小之殊、人我之別，而美醜之論、是非之辯等皆將無窮已，即現象世界成爲一個依立於心知情識下之差別相世界。然若生命主體經由「致虛守靜」、「心齋坐忘」等工夫，「損之又損」，至於其極，而契顯一「無爲無執」，「虛室生白，吉祥止止」之自由無限理境，則經驗世界將不再是差別樣相之世界，而是萬般如如、一體平舖之渾全世界，莊子所云「天地與我並生，萬物與我爲一」者是也，此種自由無限心觀照下之世界，即是輔嗣「無稱之言，窮極之辭」之「自然」義下之世界，向、郭則稱之爲「自爾獨化」。

「凡物云云，皆自爾耳」，物何以能存在，何以在彼時空下而存在，何以具有此性質能力，皆自爾如此，不必追問。故「任之而理自至」，而「天機自爾，坐起無待」、「外不資於道，內不由於己，掘然自得」者，是之爲「獨化」，物皆「卓爾獨化」，故亦莫不「稱體而足」、「得性盡極」，其云：

> 各以得性爲至，自盡爲極也。向言二蟲殊翼，故所至不同，或翱翔天池，或畢志榆枋，直各稱體而足，不知所以然也。（〈逍遙遊〉注，頁16）

物皆「稱體而足」，足於其性分之所有，故「大鵬無以自貴於小鳥，小鳥亦無羨於天池」，如是，則可「遊於無小無大，冥乎不死不生」矣，斯所謂「相因之功莫若獨化之至」也，其言曰：

> 若各據其性分，物冥其極，則形大未爲有餘，形小不爲不足。苟各足於其性，則秋毫不獨小其小而大山不獨大其大矣。若以性足爲大，則天下之足未有過於秋毫也；若性足者非大，則雖大山亦可稱小矣。故曰天下莫大於秋毫之末而大山爲小。大山爲小，則天下無大矣；秋毫爲大，則天下無小也。無小無大，無壽無夭，是以蟪蛄不羨大椿而欣然自得，斥鴳不貴天池而榮願以足。苟足於天然而安其性命，故雖天地未足爲壽而與我並生，萬物未足爲異而與我同得。則天地之生又何不並，萬物之得又何不一哉？（〈齊物論〉注，頁81）

經驗世界之差別樣相本由成心之知與情識之執起現，差別相一起，則「是亦一無窮，非亦一無窮」，遂致陷於逆物傷性之困境，故云「知以無涯傷性，心以欲惡蕩眞」，弊端之源，生於知之「失當」，即不能「率性而動」，任之自爾也，故其又云：

足能行而放之，手能執而任之，聽耳之所聞，視目之所見，知止其
所不知，能止其所不能，用其自用，爲其自爲，恣其性內而無纖芥
於分外，此無爲之至易也。無爲而性命不全者，未之有也；性命全
而非福者，理未聞也。故夫福者，即向之所謂全耳，非假物也，豈
有寄鴻毛之重哉！率性而動，動不過分，天下之至易者也；舉其自
舉，載其自載，天下之至輕者也。然知以無涯傷性，心以欲惡蕩眞，
故乃釋此無爲之至易而行彼有爲之至難，棄夫自舉之至輕而取夫載
彼之至重，此世之常患也。（〈人間世〉注，頁 184）

「知之爲名，生於失當，而滅於冥極。冥極者，任其至分而無毫銖之加。」
〔註43〕不使生命離其自在具足之性分，而陷於無限之追逐中，則唯有歸止於
「冥極」，冥極者，即是虛、靜、齋、忘等工夫所證顯之無執、無爲之理境，
生命之紛馳，意念之造作，意見之繳繞，知識之葛藤，皆在此精神理境中寂
止不生，是之爲絕對無待、自爾獨化之境，以此觀照，萬物亦莫不「天機自
爾，坐起無待，掘然自得而獨化」矣！

道家不從客觀宇宙論立場立說，但順著主觀性之「心」，亦可涵蘊有二層
存有論，在「道心」觀照下顯一「無執之存有論」、在「成心」之執下則顯一
「有執之存有論」，唯二層存有論皆無客觀獨立之意義，是繫屬於主體性之
「心」而顯現者，是故「道心」無限，而觀照所顯之世界亦無限。「成心」有
限，故其所執之經驗世界亦爲有限。但二種「心」實際上是同一個主體性之
兩面顯現，能逆反虛靜，則顯「道心」，而爲「無執之存有界」，若順流追逐，
則顯「成心」，而爲「有執之經驗界」。〔註44〕

「自生自有」、「自爾獨化」皆是「道心」自由無限理境朗現下之觀照，
在其觀照中亦可對存在有一種說明——主觀性之說明，在此說明中，存在物
不是依待鍊索中之有限性存在，而是絕對無待、當體具足之存在，「自生自有」
即經由「上知造物無物，下知有物之自造」，把超越分解所建立之絕對，翻上
來繫屬於主體而爲渾化境界之絕對，物之「生」，非「生生者」之所生，而是
「不得不然」之「抉然自生」；其爲「有」，亦非現象中相對性、暫時性、變
動性之「有」，而是具絕對性、唯一性、常存性之「塊然自有」。「抉然自生」、
「塊然自有」充分顯示存在物之無外因性，其「欻然自生，非有本；欻然自

〔註43〕《莊子・養生主》注，《莊子集釋》，頁 115。
〔註44〕參見牟師宗三：《現象與物自身》（臺北：學生，1982 年），頁 8。

死，非有根」，既無外在之形式根據，亦無任何條件與憑藉；更直接言之，任何分析上之辨解追溯，對之皆不具相應性，「存在」自身即是一個不可分割之整體。

　　「自爾獨化」亦豁顯「即有限而可無限」之價值意涵：

　　　物各有性，性各有極，皆如年知，豈跂尚之所及哉！（〈逍遙遊〉注，頁11）

　　　天性所受，各有本分，不可逃，亦不可加。（〈養生主〉注，頁128）

　　　言性各有分，故知者守知以待終，而愚者抱愚以至死，豈有能中易其性者也！（〈齊物論〉注，頁59）

性不得「中易」，則是個「定然」，對存在物而言，此種物性，不只是個定然，亦且是個實然，定然之性是一種限制（limitation），故智愚能疲，不可跂尚；飢食渴飲，不可得免；人馬有別，不得相混。此種定然，或就才性言之，或就生理本能為說，或指生物形構之「類」而言，而皆是存在物與生俱有之規定性，「不可逃，亦不可加」，非主體自身所能改變者。但無論《莊子》原文，亦或向、郭之注，其論「性」之涵意，並不重此實然面，而是向「即此定然之大限，如何可能開顯一永恒之無限」闡發。蓋「結構之性」本不顯價值義蘊，其義為盲目者、機械者（mechanical）、他定者，故其為「性」，僅能點出存在之實然，而無關乎存在之所以為存在之價值取向。

　　在向、郭的《莊子》注中，其深刻抉發不遺餘力者，則在於存在自體操之在我之能動性所在，如「夫小大雖殊，而放於自得之場，則物任其性，事稱其能，各當其分，逍遙一也」，〔註45〕這一層域所揭顯者，不再是形構上之定然，亦非才性之欣趣與美感，而是生命體如何即有限而達臻無限之精神理境之開發，相對於「定然」與「實然」面而言，此層義蘊，在價值意義上是種向上之翻越，以佛教之語譬之，則「眾生」不再是「定性眾生」，而是「不定性之眾生」；「定性」與「不定性」並非平面上之區分，而是縱性之開展，具價值義，亦具境界義，在主體境界之觀照中，萬物不再是定性之存在，而是逍遙自得、自爾獨化之絕對性存在；「性」之內涵，亦非指謂智愚能疲之才性，與人馬殊別之結構之性，而是即此實然中之限定，而自得自足，逍遙無待，是之為「得性盡極」也；故在「道心」觀照下之「無執之存有界」中，「自

〔註45〕《莊子・逍遙遊》注，《莊子集釋》，頁1。

生自有」、「自爾獨化」皆是每一存在物之「自性」。

在體用義上,「自生自有」、「自爾獨化」皆是已解消「無」、「有」之分解性關係,輔嗣「本末有無」之分解說,至此已渾化冥合為一,每一存在物自身即是一個不可分割之獨體,每一存在皆是一個絕對性、唯一性之「有」,此「有」即實即虛、即有即無、即相對即絕對、即變化即常存、即具體即普遍,即人籟即天籟,當體渾化,玄冥為一,物物亦皆當體具足,渾同玄冥。

「自爾獨化」展現主體觀照境界之極致,在其義涵中,每一生命皆是當體圓融之整體,亦皆是絕對無待而具體真實之存在。在體用義之發展上,此是由輔嗣「崇本舉末,守母存子」之分解之表示,更推而進之,而極於渾化、圓融之境,魏晉玄理,至此可謂已達臻頂峰,此為向、郭「迹冥圓」在理論結構上之推展,但若就「自爾獨化」一義嘗試作方便性之析解,亦不難發現其將「道無」與「儒有」融化為一隸括性之意涵,觀照之主體雖仍是依止於道家沖虛玄德之化境,但對於一切存在卻有積極性應迹之觀照作用,故順其理路,進一步而言「遊外以弘內,無心以順有,雖終日揮形而神氣無變,俯仰萬機而淡然自若」,由道家「蕩然任自然」之「道化之治」,蛻變為「終日揮形」、「俯仰萬機」之「德化之治」,〔註46〕此為道家之「無」融合儒家之「有」所開展之新圓境,「自爾獨化」亦為此圓境體系中之一環。

第四節　迹冥圓

「自生自有」、「自爾獨化」是在「道心」自由無限理境證顯後,關連於存有之主觀境界形態上說明,若言「存有論」,其亦可涵一「無執之存有論」,而在道家原初之思想中,雖亦有其「存有論」之意涵,而其學說之真正旨趣,與思想產生之初衷,主要在於對生命與文化之真切反省,尤其是在周文凋弊之特殊機緣下,那些虛有其表之繁文縟節,與夫人心在「失道而後德,失德而後仁,失仁而後義,失義而後禮」,步步淪落、喪失本真之過程中,對之而有深刻之省思,冀尋求一從「為者敗之,執者失之」之有為造作,回歸於無執無為之素樸社會,「絕聖棄智,絕仁棄義」即是其以「正言若反」之方式,在作用層中對於「如何為之」之問題所提供一可行之方式,「以『無為』為之」,即是其對當時代所提出的治療之方。

〔註46〕「道化之治」與「德化之治」參見牟師宗三:《才性與玄理》,頁168~229。

　　向、郭《莊子注》中，對於此一生命與文化層面之關懷，大抵亦沿承老、莊之理路，惟由實踐旨趣轉爲理論旨趣，即將道家之玄理，建構成一系統架構完整圓滿之體系，斯即其著名之「迹冥圓」之論。

　　對於實有層中之物事，無論是《詩》、《書》等古籍之記載，亦或仁、義等人倫之德目，與夫堯、舜等聖人之名號，其皆視之爲「迹」，是「已去之物」，一如人行過之腳印，也如史博館中之古物，僅能表示其曾在歷史中出現；若謂其有意義性可言，則必須關連於使此「迹」得以展現光輝之內在根據，是即「所以迹」者，苟無「所以迹」，則「迹」僅是「徒名其塵垢秕糠耳」，是虛有其表之空殼物。

　　《詩》、《書》等六經，後代尊之爲經典，然向郭亦視作爲既往之「陳迹」，以《詩經》言之，「國風好色而不淫，小雅怨誹而不亂」，〔註47〕須身處其境之人，有其當下眞切之感受，方展現詩之眞實意義，「所以迹」者即是詩人之「眞性」也，其曰：

> 所以迹者，眞性也。夫任物之眞性者，其迹則六經也。（〈天運〉注，
> 頁532）

荀粲「六籍雖存，固聖人之糠秕」，〔註48〕意與此同。陸象山亦云：「學苟知本，六經皆我註腳」，〔註49〕雖著意於道德實踐中識得大體之振拔氣概，然皆涵有「眞性情」之意。

　　「堯、舜」等聖人之名亦然，是「神人之實」使堯、舜得以成爲後人欽敬仰慕之人，若徒從堯、舜之迹上看，而不悟其所以爲堯、舜之「神」，則所知者並非是眞堯、舜也：

> 堯舜者，世事之名耳；爲名者，非名也。故夫堯舜者，豈直堯舜而
> 已哉？必有神人之實焉。今所稱堯舜者，徒名其塵垢秕糠耳。（〈逍
> 遙遊〉注，頁33）

世人所知於堯、舜者，只是其「迹」而已，故世間人所謂之堯、舜，只是堯、舜之「塵垢秕糠」而已，又云：

> 聖人者，民得性之迹耳，非所以迹也。此云及至聖人，猶云及至其
> 迹也。（〈馬蹄〉注，頁337）

〔註47〕見《史記》卷八十四〈屈原列傳〉（臺北：鼎文，1987年），頁2482。
〔註48〕《世說》劉注引《粲別傳》，《世說新語箋疏》，頁200。
〔註49〕陸九淵：《陸象山集》（臺北：里仁，1981年），頁395。

故對古聖前哲之景仰效法，皆只是「法其迹」，甚而以聖人爲自我行事作爲之準則，縱然達臻其標準，亦僅「及至其迹」而已。

「迹」雖然只是「塵垢秕糠」，但並不意味即可被捐棄不用，它仍然是「所以迹」之展現憑藉；然須抉發堯之「所以迹」，不能僅於「迹」上觀堯，此種表義方式，《莊子注》或稱之爲「寄言出意」、或爲「意言之表」、或爲「忘言遺書」：

> 夫莊子推平於天下，故每寄言以出意，乃毀仲尼，賤老聃，上掊擊乎三皇，下痛病其一身。（〈山木〉注，頁 699）

> 其貴恒在意言之表。（〈天道〉注，頁 489）

> 得彼之情，唯忘言遺書者耳。（〈天道〉注，頁 489）

「言」是「意」之寄託所在，惟有經由「言」，方可使「意」出於「繫表之外」，然「得彼之情」後，則須「忘言遺書」，此亦即是其所謂之「宜要其會歸而遺其所寄」、「忘言以尋其所況」。故就既往之陳迹而言，其意義與作用僅在於使人得以瞭解其內在根據之「所以迹」，苟得「其會歸」，「迹」則「忘之可也」：

> 仁者，兼愛之迹；義者，成物之功。愛之非仁，仁迹行焉；成之非義，義功見焉。存夫仁義，不足以知愛利之由無心，故忘之可也。（〈大宗師〉注，頁 283）

名迹非惟可忘，亦且當忘，其故有二：其一，因其是「已去之物，非應變之具」，而時移世易，變化日新，時變則俗情亦變，故曰：

> 俗之所貴，有時而賤；物之所大，世或小之。故順物之跡，不得不殊，斯五帝三王之所以不同也。（〈秋水〉注，頁 584）

或因個別差異，或因好惡不同，彼以爲美，而此或以爲醜，是故環肥燕瘦，各得其實，苟守故拘舊，則不日新造實矣，其曰：

> 夫仁義者，人之性也。人性有變，古今不同也。故游寄而過去則冥，若滯而係於一方則見。見則僞生，僞生則責多矣。（〈天運〉注，頁 519）

故時移世異，禮亦宜變，所謂「況夫禮義，當其時而用之，則西施也；時過而不棄，則醜人也。」〔註 50〕若拘執故迹，則滯礙難通矣，故「皇王之迹，與世俱遷，而聖人之道未始不全也」。

〔註 50〕《莊子·天運》注，《莊子集釋》，頁 516。

其二，前代聖哲本無心而爲，只是任物自得自成。其本無心，迹卻自見，所謂「乘物非爲迹而迹自彰」也。

> 無不容者，非爲仁也，而仁迹行焉；無不理者，非爲義也，而義功著焉。……信行容體而順乎自然之節文者，其迹則禮也。（〈繕性〉注，頁 549～550）

「迹」之所以彰，乃後人執著崇尚故也，然其所執所尚者，僅是一表象之符號耳，並非「所以迹」也。崇尚聖迹，心志將外放而「殉」於塵垢粃糠之舊迹，如此則已失自己之「所以迹」，「則仁義不眞而禮樂離性」矣，其言曰：

> 夫黃帝非爲仁義也，直與物冥，則仁義之迹自見。迹自見，則後世之心必自殉之，是亦黃帝之迹使物攖也。（〈在宥〉注，頁 373）

又云：

> 夫聖迹既彰，則仁義不眞而禮樂離性，徒得形表而已矣。有聖人即有斯弊，吾若是何哉！（〈馬蹄〉注，頁 337）

崇聖迹，而失己之「所以迹」，是之爲「徒得形表」。得其表象，而喪其本眞，此東施效顰，自失彌甚。不眞之行，是爲虛僞，僞飾滋蔓，遂使「父子君臣，懷情相欺」：

> 愛民之迹，爲民所尚。尚之爲愛，愛已僞也。爲義則名彰，名彰則競興，競興則喪其眞矣。父子君臣，懷情相欺，雖欲偃兵，其可得乎！（〈徐无鬼〉注，頁 827）

矜向奔競，虛矯造作，更甚而以聖迹爲遁辭，遮掩己行，以聖法爲口實，剛愎殺戮，「過皆由乎迹之可尚也」：

> 詩禮者，先王之陳迹也，苟非其人，道不虛行，故夫儒者乃有用之爲姦，則迹不足恃也。（〈外物〉注，頁 928）

又云：

> 暴亂之君，亦得據君人之威以戮賢人而莫之敢亢者，皆聖法之由也。向無聖法，則桀紂焉得守斯位而放其毒，使天下側目哉！（〈胠篋〉注，頁 346）

向郭此注，雖就理上而說，然似亦有感而發者也，蓋「屬魏晉之際，天下多故，名士少有全者」，如孔融以不孝見殺，〔註51〕嵇康以亂教遭戮，〔註52〕方

〔註51〕事見《三國志》卷十二〈孔融傳〉，裴注引《魏氏春秋》，頁 373。

其誅也，則援引「齊（太公）戮華士，魯（孔子）誅少正卯」爲說，藉「聖賢」之名，行其殺戮異己之實。至如篡竊之際，亦莫不以「堯舜禪讓」爲名，而朝士亦多依阿曲從，助之爲虐者，故謂「堯舜遺其迹，飾僞播其後，以致斯弊」、「一世爲之，則其迹萬世爲患，故不可輕也。」〔註53〕亦非無病呻吟者也。

　　「迹」之不足恃，在於上述之二個原因，區分爲二，只是便於問題上之討論，究其根源，則僅在於一個核心癥結，即：「迹」必須冥合於「所以迹」，二者本是一具體性之當體圓融；若離「所以迹」而言「迹」，則「迹」只是俗情之巧僞；離「迹」而言「所以迹」，則「所以迹」亦惟是一頑空之死體。今單提「迹」言之，正爲指陳實情之弊病，取譬於其對「知」之表述，亦可言曰：「『迹』之爲名，生於失當，而滅於冥極」。

　　依前小節所述，在道家之義理中，經驗世界本無客觀獨立之意義，現象界中差別樣相之構成，係因「成心」之執而衍出，順其衍生之方向而下，生命將陷於無限之追逐，終致支離滅裂。今《詩》、《書》等六籍，仁、義諸德目，與夫古聖前哲之典範者，其之所以能成爲後代可執之「迹」，莫不因於其人之「眞」而成，然「『眞』在性分之內」；〔註54〕堯舜之「眞性」，孔子之「眞性」，與我之「眞性」，「形雖彌異」，然其爲「眞」，與夫「自得自足，自爾獨化」之「性」，莫不「彌同」也。今捨己耘人，既失己所以自得之眞性，而又陷於有執有爲之無限追逐中，可謂爲南轅北轍，去之益遠矣，故曰：

　　　　莫知反一以息迹，而逐迹以求一，愈得迹，愈失一，斯大謬矣。（〈繕
　　　　性〉注，頁555）

又云：

　　　　由腐儒守迹，故致斯禍。不思捐迹反一，而方復攘臂用迹以治迹，
　　　　可謂無愧而不知恥之甚也。（〈在宥〉注，頁377）

「反一息迹」，與輔嗣言《老子》書之意旨爲「崇本息末」，二者意涵相同，「末」

〔註52〕《晉書》卷四十九〈嵇康傳〉載：「（鍾會）言於文帝曰：『嵇康，臥龍也，不可起。公無憂天下，顧以康爲慮耳。』因譖『康欲助毌丘儉，賴山濤不聽。昔齊戮華士，魯誅少正卯，誠以害時亂教，故聖賢去之。康、安等言論放蕩，非毀典謨，帝王者所不宜容。宜因釁除之，以淳風俗。』帝既昵聽信會，遂并害之。」頁1373。

〔註53〕前句見《莊子‧庚桑楚》注，《莊子集釋》，頁777。後句見《莊子‧外物》注，頁930。

〔註54〕《莊子‧秋水》注，《莊子集釋》，頁591。

是無「本」之末，「迹」是失「一」之「迹」，其謬妄災禍皆因不能以「無爲」爲之，而「有爲妄作」以致之也，其又云：

> 夫知禮意者，必遊外以經內，守母以存子，稱情而直往也。若乃矜乎名聲，牽乎形制，則孝不任誠，慈不任實，父子兄弟，懷情相欺，豈禮之大意哉！（〈大宗師〉注，頁 267）

「矜乎名聲，牽乎形制」乃成心之造執，亦即是「固執聖迹，抑揚從己，失於本性」〔註 55〕之「窮寠」行爲，其結果必將導致奔競紛馳，飾僞播奸之弊害，所謂「孝不任誠，慈不任實，父子兄弟，懷情相欺」者是也。此皆滯於陳迹，而忘其「所以迹」之過也。解救之道，唯在於「捐迹反一」。

「捐迹反一」是心上之實踐工夫，即心不淪墜爲造作妄執之「成心」，隨象流轉，逐物不返，而在「虛」、「靜」、「齋」、「忘」之純淨化工夫中，蕩滌有爲造執之心慮，滌除淨盡，則顯一「無執無爲」之無限理境，此「無爲」之理境，即是「所以迹」者，亦是「迹」所以得成之內在根據，聖人之所以有其可見尙之「迹」者，乃是沖虛玄德之無限妙用。常人則只蔽於聖迹，而不能徹悟其「所以迹」，苟能通曉「迹」是由「所以迹」以成，則何須捨己之田而耘人之田，追逐競尙於前人之陳迹，而忘卻自己沖虛玄德之「所以迹」，其又曰：

> 若知迹之由乎無爲而成，則絕尙去甚，而反冥我極矣。（〈駢拇〉注，頁 326）

「反冥我極」即是「捐迹反一」，捐棄「捨本逐末」之「迹」，而歸返於「無爲」之境之「所以迹」，此「所以迹」即是沖虛玄妙之「冥體」，所謂「常以純素守乎至寂而不蕩於外，則冥也」，〔註 56〕亦稱之爲「冥極」，斯乃「雖變化無常，而常深根冥極」〔註 57〕者也，或謂之爲「獨」，其云：

> 唯大聖無執，故芚然直往，而與變化爲一，一變化而常遊於獨者也。（〈齊物論〉注，頁 102）

「冥」、「冥極」、「獨」、「一」、「所以迹」等諸種稱謂，皆在於豁顯「迹」之內在根據，然此步豁顯亦只是一種權便，否則即非究極之「義諦」，因分解之表示總有不盡，易落于單持之邊見，而非「圓照」，「究極圓照」之顯，則在於「無心」與「坐忘」之妙唱，其曰：

〔註 55〕《莊子・外物》注，《莊子集釋》，頁 931。
〔註 56〕《莊子・刻意》注，《莊子集釋》，頁 546。
〔註 57〕《莊子・應帝王》注，《莊子集釋》，頁 304。

　　　然則將大不類，莫若無心，既遣是非，又遣其遣，遣之又遣之以至

　　　於無遣，然後無遣無不遣而是非自去矣。(〈齊物論〉注，頁79)

「無心」，非徒是一境界，亦且是《莊子注》中所開顯之無執圓教，其所涵蘊
之詭辭爲用，其大用可歸結於一「化」字，即是使生命由「有限」化而爲「無
限」。蓋人之存在，雖必然落於形式關係之依待中，然此並不足以妨害人可以
成爲一「無限」者，眞正使人斷絕向「無限性」飛躍之可能，而陷落於狹促
之「有限」中，乃是成心之知與情識之執。由成心，故有彼此、是非、得失、
生死等殊別性。由情識，故有自是非彼，樂得哀失，悅生惡死等陷溺。殊別
與陷溺使生命淪於膠著與沾滯，使原本可以「無涯」之生命、沈墮塵烟，而
成爲「有涯」。今欲使生命得以從「有涯」復歸於「無涯」，則莫過於遣去一
切意計造執中顯對待相之「迹」，而歸止於「常以純素守乎至寂而不蕩於外」
之「所以迹」，然此步翻越，僅在於遮「迹」以顯「本」，蓋常人之病在於拘
執「陳迹」，而不知「所以迹」，今爲去病，故遮「迹」以顯「所以迹」，然如
此顯者也只是抽象地顯所以迹，亦即顯道體之自己，即撥開具體之迹而單觀
此玄冥（無）之體，「此抽象觀，唯顯一『純粹普遍性』，即冥體之自己。但
此『冥體之自己』並不能空掛。空掛即爲死體。滯於冥，則冥即非冥而轉爲
迹。是則冥亦迹。」〔註58〕「法」本爲去「病」，病去而復執著於「法」，此
亦是「病」，故究極之道在於去病而又不執於法，「病」、「法」雙忘：

　　　夫坐忘者，奚所不忘哉！既忘其迹，又忘其所以迹者，內不覺其一

　　　身，外不識有天地，然後曠然與變化爲體而無不通也。(〈大宗師〉

　　　注，頁285)

「迹」與「所以迹」渾然皆忘，不滯著於一邊，則「迹」不徒是「迹」，有「所
以迹」以透之；「所以迹」亦非一抽象之死體，而是一玄應無方之源頭活水，
此種「迹冥」圓融之境界，即是「以不爲爲之」之詭辭所涵攝之圓境，其言
曰：

　　　夫聖人之心，極兩儀之至會，窮萬物之妙數。故能體化合變，無往

　　　不可，旁礴萬物，無物不然。世以亂故求我，我無心也。我苟無心，

　　　亦何爲不應世哉！然者體玄而極妙者，其所以會通萬物之性，而陶

　　　鑄天下之化，以成堯舜之名者，常以不爲爲之耳。孰弊弊焉勞神苦

　　　思，以事爲事，然後能乎！(〈逍遙遊〉注，頁31～32)

<hr>

〔註58〕見牟師宗三：《才性與玄理》，頁192。

即「體玄而極妙」，即「會通萬物之性，陶鑄天下之化」；即「無心」，即「應世」，此「堯舜」之所以爲「堯舜」也，究極處是在於「以不爲爲之」，「不爲」者，其內在之「德」也，亦即是其「所以迹」也；「爲之」者，「物應於外」也，應之則必有「迹」也，而迹不徒迹，冥不徒冥，內外相與爲一圓，此種「迹冥圓境」，牟師宗三先生曾詳實闡述之曰：

> 冥之體必須轉於具體而不離迹，即冥體之無必會有。冥即在會中見。會而無執即爲冥，冥而照俗即爲迹。冥則成其無累之會，故體化合變，而遊無窮。迹則實其冥體之無，故冥非絕會，即在域中。遊無窮，則會而冥矣。會而冥，雖迹而無迹。即在域中，則冥而會矣。冥而會，雖冥而不冥。冥而不冥，則全冥在迹，而不淪於無。迹而無迹，則全迹在冥，而不淪於有。即迹即冥，非迹非冥，斯乃玄智之圓唱，聖心之極致。……離迹言冥，是「出世」也。離冥言迹，是「入世」也。冥在迹中，迹在冥中，是「世出世」也。「世出世」者，即世即出世，即出世即世，亦非世非出世也。是謂雙遣二邊不離二邊之圓極中道也。〔註59〕

「迹」不離「冥」，「冥」不離「迹」；「迹」即「冥」，「冥」即「迹」，迹冥圓合爲一，此可謂已抉發境界形態義理之究極義蘊。

就體用義之發展而言，向、郭「迹冥圓」，是繼輔嗣「守母存子，崇本舉末」之圓融體系後，將詭辭爲用之無執圓教義發揮至淋漓酣暢之極致者；而在其圓境之涵蘊中，「本末」、「有無」之概念對顯性，與其間對揚性之關係網絡已泯然不存，生命存在展現一當體之絕對，萬物亦個個圓滿具足，獨體而化。此種觀照之虛靈境界，並非「河漢無極」之言，而是可體之、踐之、當下證成之「生命學問」。生命主體能當下自我實踐、自我超拔，則「逍遙」即在俗累之中。「藐姑射之山」、「無何有之鄉」等超現實之理想世界，亦非在遙遠之彼岸，而是在當下之人間，此乃「即世即出世，即出世即世，亦非世非出世」之究竟圓實義。以「雙遣二邊不離二邊之圓實中道」比況之，誠爲的當。

「雙遣二邊」，又「不離二邊」，是「迹冥圓」所展現之圓實理境，在義理內涵與言說方式上，此種當體渾化之圓境是採集《莊子》之融化說，與輔嗣「體無用有」之意涵，經過摻合發酵，而釀造出之新醅，因而在「儒道會

通」之主題上，其成就又更爲卓然特出，道家沖虛玄德之渾化妙用，與儒家人倫道德、禮樂教化之德業，一體圓融，渾合爲一。

　　能在生命中具體眞實體現此「迹冥圓」之圓境者，是《莊子注》中理想人格之典型，此種人格典範亦名之爲「聖人」，而對於聖人人格義蘊之認定，向、郭亦觸及到與輔嗣相類似之問題：應如何安置原作者本人？易言之：莊子之生命是否已臻乎「迹冥圓」之圓境？向、郭之答覆與輔嗣無有異轍，其言曰：

　　　　夫莊子者，可謂知本矣，故未始藏其狂言，言雖無會而獨應者也。
　　　　夫應而非會，則雖當無用；言非物事，則雖高不行；與夫寂然不動，
　　　　不得已而後起者，固有間矣，斯可謂知無心者也。夫心無爲，則隨
　　　　感而應，應隨其時，言唯謹爾。故與化爲體，流萬代而冥物，豈曾
　　　　設對獨遘而遊談乎方外哉！此其所以不經而爲百家之冠也。然莊生
　　　　雖未體之，言則至矣。（〈序〉，頁3）

在向、郭之眼光中，莊子「謬悠之說，荒唐之言，無端崖之辭」，旨在闡釋此「迹冥圓」理境之究極義蘊，其內容亦確已深刻抉發此圓境之內蘊，故在知解理性上，彼「可謂知本矣」，其狂言亦能深中此圓境之肯綮，故言亦「至」矣！然「知者不言，言者不知」，「善易者不論易」、「道行之而成」，〔註60〕今其「言則至矣」，正顯示出其未能「體之」以成道，而只在知解概念中「獨應」而已。知解性之「應」，終究只是名言概念中之事，並非在具體生命中體之踐之，行而成之之「會」，故雖當而無用，雖高而不行。僅流於「設對獨遘而游談乎方外」者而已矣。但因其已「知本」，故雖「不經」，亦可爲「百家之冠」也。

　　至於其理想性之人格，亦可由此段中充分點出：「寂然不動，不得已而後起。無心無爲，隨感而應。應隨其時，言唯謹耳。與化爲體，流萬代而冥物。」眞正契顯此圓境者，則是能「體極玄冥」，又能「仁迹行，義功著」之儒聖，而非隱居泉林皐壤間，以高風亮節自名之隱士，最典型之例子即是堯與許由之對顯，其言曰：

　　　　夫能令天下治，不治天下者也。故堯以不治治之，非治之而治者也。
　　　　今許由方明既治，則無所代之。而治實由堯，故有子治之言，宜忘
　　　　言以尋其所況。而或者遂云：治之而治者，堯也；不治而堯得以治

〔註60〕《莊子・齊物論》：「道行之而成，物謂之而然。」《莊子集釋》，頁69。

者，許由也。斯失之遠矣。夫治之由乎不治，爲之出乎無爲也，取
於堯而足，豈借之許由哉！若謂拱默乎山林之中而後得稱無爲者，
此莊老之談所以見棄於當塗。當塗者自必於有爲之域而不反者，斯
之由也。（〈逍遙遊〉注，頁24）

又云：

夫堯之無用天下爲，亦猶越人之無所用章甫耳。然遺天下者，固天
下之所宗。天下雖宗堯，而堯未嘗有天下也，故宵然喪之，而嘗遊
心於絕冥之境，雖寄坐萬物之上而未始不逍遙也。四子者蓋寄言，
以明堯之不一於堯耳。夫堯實冥矣，其迹則堯也。自迹觀冥，內外
異域，未足怪也。世徒見堯之爲堯，豈識其冥哉！故將求四子於海
外而據堯於所見，因謂與物同波者，失其所以逍遙也。然未知至遠
之迹，順者更近，而至高之所會者反下也。若乃屬然以獨高爲至而
不夷乎俗累，斯山谷之士，非無待者也，奚足以語至極而遊無窮哉！

（〈逍遙遊〉注，頁34）

堯以不治治，以不爲爲，遺天下而天下宗之，「治之爲之而天下宗之」者，迹
也；「不治不爲而未嘗有天下」者，冥也。迹冥圓一，外內玄合，此方爲具體
而眞實之堯，故「治之由乎不治」，「爲之出乎無爲」，在堯身上已得到全然之
展現。然世人只見得「迹」上之堯，而不能透悟其「無心玄應」、「與物無對」
之「所以爲堯」者；見其「與物同波」，因以爲其已失逍遙矣！著於外迹，而
不知其內實冥，故乃「託之於絕垠之外，而推之乎視聽之表」，藉許由諸人以
明此內冥之「體」。然此種依託僅是莊子之「寄言」，因堯自身已具「神人之
實」，只因世人著迹而未透耳，故欲了解莊子「藉許由以明本，藉放勳以明圓」
之意，則當「忘言以尋其所況」，如此方可知堯之不徒「迹」之堯，其尚有「常
以純素守乎至寂而不蕩於外」之「體極玄冥」，故能無心渾化，群於人而又不
荷其累。是故「至遠之迹，順者更近；至高之所，會者反下」，理境愈高，愈
能於人倫日用中渾化自如，比況於「雲門三句教」，〔註61〕此可謂已臻乎「隨
波逐浪」之境，道即是家常便飯，堯之「迹冥圓」正顯現此種至高之理境，
其言又曰：

〔註61〕《五燈會元》卷十五載：雲門宗祖文偃曰：「我有三句話示汝諸人：一句『函
蓋乾坤』，一句『截斷眾流』，一句『隨波逐浪』。作麼坐辨？若辨得出，有參
學分；若辨不出，長安路上輥輥地。」（臺北：文津，1986年），下冊，頁935。

　　夫自任者對物，而順物者與物無對，故堯無對於天下，而許由與稷
　　契爲匹矣。何以言其然邪？夫與物冥者，故群物之所不能離也。是
　　以無心玄應，唯感之從，汎乎若不繫之舟，東西之非己也，故無行
　　而不與百姓共者，亦無往而不爲天下之君矣。以此爲君，若天之自
　　高，實君之德也。若獨元然立乎高山之頂，非夫人有情於自守，守
　　一家之偏尚，何得專此！此故俗中之一物，而爲堯之外臣耳。若以
　　外臣代乎內主，斯有爲君之名而無任君之實也。（〈逍遙遊〉注，頁
　　24～25）

「自任者對物，順物者與物無對」，堯與許由究竟何人才是眞正之「無對」與「逍
遙」者？確然之答案是堯，而非許由，因許由只能「依內」，不能「遊外」；只
知「離人」，而不知「合俗」；「遺物」而不能「入群」，「坐忘」而不能「應務」，
則其「遺」、其「忘」只是一種「執」，一如小乘之怖畏死生而欣趣涅槃，「欣趣」
即是「執」；此是以「法」去「病」，而反執於「法」，「捐迹反一」，而執於「一」，
情尚於「冥」，而執於「冥」；執於冥，故絕迹以孤冥；絕迹孤冥，只是抽象地
觀冥體自己，執於抽象之冥，而不能渾化，猶如執守於「頑空」、「死無」，雖「厲
然以獨高爲至，而不夷乎俗累」，但僅是「守一家之偏尚」，「此故俗中之一物，
而爲堯之外臣耳」，不足以語至極，以遊無窮。故其曰：「若謂拱默乎山林之中，
而後得稱無爲者，此莊老之談所以見棄於當塗」〔註62〕也。

　　是故眞正之逍遙與無待，乃是「玄同彼我，與物冥而循大變」之自然無
爲，並非隔絕人世，獨立於高山之頂；而是即迹即冥，即冥即迹。其「德充
於內」，冥也；而「物應於外」，迹也；「外內玄合」，迹冥渾一，故「乘天地
之正，即是順萬物之性，御六氣之辯，即是遊變化之塗」，如此方可無爲無待，
達臻「至德之人玄同彼我之逍遙」；亦且其「德充於內」，則必「神滿於外」，
故「雖靜默閒堂之裏」，而可「玄同四海之表」，其又云：

　　夫體神居靈而窮理極妙者，雖靜默閒堂之裏，而玄同四海之表，故
　　乘兩儀而御六氣，同人群而驅萬物。苟無物而不順，則浮雲斯乘矣；
　　無形而不載，則飛龍斯御矣。遺身而自得，雖淡然而不待，坐忘行
　　忘，忘而爲之，故行若曳枯木，止若聚死灰，是以云其神凝也。其
　　神凝，則不凝者自得矣。世皆齊其所見而斷之，豈嘗信此哉！（〈逍
　　遙遊〉注，頁30）

〔註62〕《莊子·逍遙遊》注，《莊子集釋》，頁24。

此種「體神居靈而窮理極妙」，已非抽象地觀冥體自己，即已非知解之層次，而是一渾化之大冥；渾化之大冥者，迹即冥，冥即迹，迹冥了然無二；故即「遊外」即「依內」，即「離人」即「合俗」，即「有天下」即「無以天下爲」，即「遺物」即「入群」，即「坐忘」即「應務」，即「絕冥之境」即「天地之間」。「方外」、「方內」渾同爲一，「神人」、「俗軀」當體無二，又曰：

> 夫理有至極，外內相冥，未有極遊外之致而不冥於內者也，未有能
> 冥於內而不遊於外者也。故聖人常遊外以宏內，無心以順有，故雖
> 終日揮形而神氣無變，俯仰萬機而淡然自若。夫見形而不及神者，
> 天下之常累也。是故觀其與群物並行，則莫能謂之遺物而離人矣：
> 觀其體化而應務，則莫能謂之坐忘而自得矣。豈直謂聖人不然哉？
> 乃必謂至理之無此。是故莊子將明流統之所宗以釋天下之可悟，若
> 直就稱仲尼之如此，或者將據所見以排之，故超聖人之內跡，而寄
> 方外於數子。宜忘其所寄以尋述作之大意，則夫遊外宏內之道坦然
> 自明，而莊子之書，故是涉俗蓋世之談矣。（〈大宗師〉注，頁 268）

「遊外以宏內，無心以順有」，「終日揮形而神氣無變，俯仰萬機而淡然自若」，可謂已抉發境界形態義理之究極底蘊，生命臻乎此，方是純然之化境，而此等「無心而任乎自化」者，其身雖立於「廟堂之上」，然其心卻無異於在「山林之中」，故云：

> 此皆寄言耳。夫神人即今所謂聖人也。夫聖人雖在廟堂之上，然其
> 心無異於山林之中，世豈識之哉！徒見其戴黃屋，佩玉璽，便謂足
> 以纓紱其心矣；見其歷山川，同民事，便謂足以憔悴其神矣；豈知
> 至至者之不虧哉！今言王德之人而寄之此山，將明世所無由識，故
> 乃託之於絕垠之外而推之於視聽之表耳。處子者，不以外傷內。（〈逍
> 遙遊〉注，頁 28）

「戴黃屋，佩玉璽」，並不足以「纓紱其心」；「歷山川，同民事」，亦不致於「憔悴其神」，此方是應物而無累於物之聖人。

　　本來，在《莊子》原文中，其所推崇之人物是「神人」，向、郭以「寄言」之方式解說之，將「道體道用」之「神人」，轉化成「道體儒用」之「聖人」，〈逍遙遊〉注即云：「夫神人即今所謂聖人也」，[註63] 更確切地講，此時之「聖人」，

〔註63〕《莊子・逍遙遊》注，《莊子集釋》，頁 28。

其實已「神聖合一」，所謂：「神人即聖人也，聖言其外，神言其內。」〔註64〕

此種「內神」與「外聖」兼具於一身，方是《莊子注》中理想人格之典型，亦是其「聖人」一辭之義蘊。「內神」即是堯「不治」治、「不爲」爲之「神人之實」，也是沖虛玄德無心任化之作用，此妙用應物而感，隨感起用，生動活潑，玄妙萬端，在「終日揮形」與「俯仰萬機」之當下，愈益顯發其沖虛渾化之靈妙作用，「會通萬物之性，陶鑄天下之化」，盛德大業之迹用，即在此沖虛玄德中妙應而成。是故分解性說之，則聖人必具有「內神」與「外聖」二面，然細究其實，則是聖人一體之展現，其「外聖」之德業必資於「內神」之冥體，而「內神」之渾化妙用，亦必開展出「外王」之聖業，內外渾一，迹冥圓融，儒、道亦暢然大通矣，其言又曰：

> 夫聖人之心，極兩極之至會，窮萬物之妙數。故能體化合變，無往不可，旁礴萬物，無物不然。世以亂故求我，我無心也。我苟無心，亦何爲不應世哉！然則體玄而極妙者，其所以會通萬物之性，而陶鑄天下之化，以成堯舜之名者，常以不爲爲之耳。孰弊弊焉勞神苦思，以事爲事，然後能乎！（〈逍遙遊〉注，頁31）

故由堯身上所體現之「迹冥圓」，應扣緊二方面加以理解：其一，冥體不是一泓死水，其自身即是一種靈妙透脫之作用，此作用使聖人能即俗累，而即逍遙；雖入群應物，又能無對於天下；而那些「亢然立乎高山之頂」、「求無爲於恍惚之外」之高士，雖亦具有高風亮節，不與世俗同塵之節操，也能產生使「頑夫廉，懦夫有立志」〔註65〕之移風易俗之作用，但其「巋然以獨高爲至而不夷乎俗累」，實是與物有對，不能達冥化之境，且其風向對於世俗之教化亦將有負面之影響，向郭注云：

> 論語曰：伯夷叔齊餓于首陽之下，不言其死也。而此云死焉，亦欲明其守餓以終，未必餓死也。此篇大意，以起高讓遠退之風。故被其風者，雖貪冒之人，乘天衢，入紫庭，猶時慨然中路而歎，況其凡乎！故夷許之徒，足以當稷契，對伊呂矣。夫居山谷而弘天下者，雖不俱爲聖佐，不猶高於蒙埃塵者乎！其事雖難爲，然其風少弊，故可遺也。曰：夷許之弊安在？曰：許由之弊，使人飾讓以求進，遂至乎之噲也；伯夷之風，使暴虐之君得肆其毒而莫之敢亢也；伊

〔註64〕《莊子‧外物》注，《莊子集釋》，頁945。
〔註65〕《孟子‧萬章下》，《四書章句集註》，頁314。

呂之弊，使天下貪冒之雄敢行篡逆；唯聖人無迹，故無弊也。若以
伊呂爲聖人之迹，則伯夷叔齊亦聖人之迹也；若以伯夷叔齊非聖人
之迹邪？則伊呂之事亦非聖人矣。夫聖人因物之自行，故無迹。然
則所謂聖者，我本無迹，故物得其迹，迹得而強名聖，則聖者乃無
迹之名也。(〈讓王〉注，頁989)。

　　其二，聖人雖終日「歷山川，同民事」，然其心則能體極玄冥，凝乎至當
之極，而世人不能透澈其內，徒見其栖栖遑遑，無時或息，遂以爲其「弊弊
焉爲勞神苦思，以事爲事」，〔註66〕亦以爲凡俗瑣事足以縈紱其心，憔悴其神。

　　在《莊子注》中，對於此一問題，亦有詳細闡說。其認爲儒聖諸人，雖
形勞天下，而開展出一番治世之德業，然其治是「不治」、「無爲」之治，所
謂「無心而任化，乃群聖之所游處」，因其無心以順物，無對於天下，故雖日
理萬機，奔馳不息，其心則無時不逍遙遊放，閒暇自適，其曰：

墨子徒見禹之形勞耳，未覩其性之適也。(〈天下〉注，頁 1078)

又云：

雖湯武之事，苟順天應人，未爲不閒也。故無爲而無不爲者，非不
閒也。(〈天地〉注，頁 422)

此因聖人內有「神人之實」，其沖虛玄德無時不妙運渾化，故「負萬物，應萬
機」，常人視爲形神殄瘁之事，彼卻「忽然不知重之在身，泯然不覺事之在己」，
其逍遙之心、閒適之情，不必倚托於山水，寄遊於江海，即俗塵之中，即桃
花源之境，此謂之爲「無江海而閒」者也：

此篇言無江海而閒者，能下江海之士也。夫孔子之所放任，豈直漁
父而已哉？將周流六虛，旁通無外，蠕動之類，咸得盡其所懷，而
窮理致命，固所以爲至人之道也(〈漁父〉注，頁 1035)。

「無江海而閒者，能下江海之士」，亦即是「至遠之迹，順者更近；至高之所，
會者反下」之意，皆表示至道之人絕非藐姑射與箕山之隱者，而是能在禮樂
教化、人倫日用中揮灑自如之人。彼「絕垠之外，視聽之表」之高士，亦頗
似悠然自閒者，然其閒是「自任者對物」、「有意爲閒」之閒，非如至人「無
心以順有，遊外以宏內」，即廟堂即山林，當體渾化圓融之「無江海而閒」者。

　　至人之閒是即閒即不閒，即不閒即閒，閒與不閒泯然無別，而純然只是
沖虛玄德無心任化之作用，「外聖」之治世德業即在此發用中迹應而產生，「內

〔註66〕《莊子‧逍遙遊》注，《莊子集釋》，頁32。

神」與「外聖」之圓融，儒、道兼綜之大通，亦在此「迹冥圓境」之當體展現中被證成。

「內神外聖」，在郭象《莊子‧序》中又稱之爲「內聖外王」，其言曰：

> （莊生）通天地之統，序萬物之性，達死生之變，而明內聖外王之道。（〈序〉，頁 3）

此「內聖外王」與儒家由仁心實理所開顯之「內聖外王」，兩個「道」之義理內涵並不相同，然其以「儒聖」爲體踐之圓聖則一。在《莊子》原文中，曾以孔子爲「天之戮民」與「天刑之」人，向、郭於是處有更深刻之發揮，其將儒聖體踐「迹冥圓境」之精蘊發揮得淋漓透澈。

「德充符」載：「無趾語老聃曰：『孔丘之於至人，其未邪？彼何賓賓以學子爲？彼且蘄以諔詭幻怪之名聞，不知至人之以是爲己桎梏邪？』」向、郭注曰：

> 夫無心者，人學亦學。然古之學者爲己，今之學者爲人，其弊也遂至乎爲人之所爲矣。夫師人以自得者，率其常然者也；舍己效人而逐物於外者，求乎非常之名者也。夫非常之名，乃常之所生。故學者非爲幻怪也，幻怪之生必由於學；禮者非爲華藻也，而華藻之興必由於禮。斯必然之理，至人之所無奈何，故以爲己之桎梏也。（〈德充符〉注，頁 204）

據向、郭之注，孔子之學是「無心」之學、「爲己」之學，即是率其常然，而非「捨己效人」，求「非常之名」也。然孔子雖不求「非常之名」，而自然亦有「非常之名」，因「非常之名，乃常之所生」，不求名，而名自至，故此種「桎梏」是不可避免者。故眞實之「冥」，乃即可「迹」之「冥」，而眞正之解脫，亦是即于「桎梏」之解脫。莊子於原文中，藉無趾之口點出「冥體自己」，即指出離「迹」以觀「冥」之抽象之「冥」，然此只是分解表示「冥」之第一步意義，若是情尙於此抽象之「冥」體，即「有情於自守」，「執守一家之偏尙」之偏執，此時就會以「迹用」爲「桎梏」，非隱居於山林皋壤之束縛不可。牟師宗三先生在析解〈逍遙遊〉中「許由」、「藐姑射之山」，及「往見四子」時，說此「皆是寄言以顯『本』」，其云：

> 而此本正是堯之「實」，跡之所以跡。然人著於跡，而不知其冥，故「託於絕垠之外，而推之於視聽之表」以明之。然託「絕垠之外，視聽之表」以明之，正是抽象地說明之。亦即道德之抽象觀。撥開

具體之迹而單觀此玄冥（無）之體，即謂「抽象觀」。此抽象觀，唯顯一「純粹普遍性」，即冥體之自己。但此「冥體之自己」並不能空掛。空掛即爲死體。滯於冥，則冥即非冥而轉爲迹，是則冥亦迹。故冥之體必須轉於具體而不離迹，即冥體之無必會有。冥即在會中見。會而無執即爲冥，冥而照俗即爲迹。冥則成其無累之會，故體化合變，而遊無窮。迹則實其冥體之無，故冥非絕會，即在域中。遊無窮，則會而冥矣。會而冥，雖迹而無迹。即在域中，則冥而會矣。冥而會，雖冥而不冥。冥而不冥，則全冥在迹，而不淪於無，迹而無迹，則全迹在冥，而不淪於有。即迹即冥，非迹非冥，斯乃玄智之圓唱，聖心之極致。而非「獨高爲至」者之有對也。〔註67〕

是故眞正之佛，是即九法界眾生以成佛者，捨離眾生，焉有能成佛者？故孔子之爲聖，亦是即「桎梏」而成聖，此向郭所以肯認儒聖之義蘊，亦是其「迹冥圓」之精義所生，在「天刑之，安可解」句下，注曰：

今仲尼非不冥也。顧自然之理，行則影從，言則嚮隨。夫順物則名迹斯立，而順物者非爲名也。非爲名則至矣，而終不免乎名，則孰能解之哉！故名者影嚮也，影嚮者形聲之桎梏也。明斯理也，則名迹可遺；名迹可遺，則尚彼可絕；尚彼可絕，則性命可全矣。（〈德充符〉注，頁206）

在此段注文中，向、郭首先揭示孔子是「迹冥圓境」之體現者，其生命已臻乎「即迹即冥，即冥即迹，亦非迹非冥，迹冥圓融爲一」之渾然化境，斯乃〈德充符〉注所言之「德充於內，物應於外，外內玄合」之圓實理境。

「冥即迹」，則非情尚於「冥」之偏執，沖虛玄德必時時發爲禮樂教化、人倫道德之迹用。「迹即冥」，則用非無源頭之死水，其當體有沖虛玄德以渾化之，迹冥一如，無心成化，化成則「迹」之「桎梏」不可免，所謂「無不容者，非爲仁也，而仁迹行焉；無不理者，非爲義也，而義功著焉」，「信行容體而順乎自然之節文者，其迹則禮也」、形影相隨，言響相從，迹冥圓融爲一，此乃「自然之理」，此謂之「天刑」，亦狀以「桎梏」，皆意謂雖聖人亦不得免之，亦且聖人乃是即此「天刑」與「桎梏」，方能成爲「內神外聖」之聖人。而聖凡之別亦在於：凡人以此爲「天刑」、「桎梏」；而聖人因有沖虛玄德之「內神」，故能體用圓融、迹冥渾一，故不以之爲「天刑」、「桎梏」也。

〔註67〕牟師宗三：《才性與玄理》，頁192。

聖人雖不能免除迹用之桎梏，然因其無心順物，玄同彼我，泯然與至當爲一，故雖有「迹」，而其體極玄冥而無執；因體「冥」，故其渾化爲日用而不尙，故其桎梏亦非桎梏；究其實言之，其心凝於至當之極，已無所謂「桎梏」與「非桎梏」，亦猶佛之涅槃即不涅槃，其涅槃與不涅槃皆是隨緣之方便，就佛自身而言，已無所謂涅槃與不涅槃也。

> 以方內爲桎梏，明所貴在方外也。夫遊外者依內，離人者合俗，故有天下者無以天下爲也。是以遺物而後能入群，坐忘而後能應務，愈遺之，愈得之。苟居斯極，則雖欲釋之而理固自來，斯乃天人之所不赦者也。」（〈大宗師〉注，頁271）

在理論旨趣上，「迹冥圓」展現一當體圓融渾化之極致，然其「遺物而後能入群，坐忘而後能應物，愈遺之，愈得之」、「內神外聖」、「儒『迹』道『冥』」之意旨，亦甚爲鮮明，「以方內爲桎梏，明所貴在方外」，人品雖尊儒聖，言理則崇老莊，魏晉玄學中「會通儒道」之主要軌轍仍未偏離，甚且更將境界義之體用，在「迹冥圓」之意涵中發揮得更爲淋漓透澈。

第五節　結　語

向、郭「迹冥圓」在理論體系之建構上實有進於《莊子》者，亦有推陳出新於王輔嗣者。「迹」與「所以迹」二層域之提出，與「遊外以宏內，無心以順有」、「外內玄合」之圓實理境，雖本爲《莊子》義理之所涵，然抉發其底蘊幽微，並予以理論化、系統化與圓滿化者，則是前所未有之獨特創發性。故其對《莊子》之詮解，可謂後無來者，成爲後世言《莊》之圭臬。

另外在魏晉「會通孔老」之主要思想課題上，「迹冥圓」在王輔嗣「體用如一，本末不二」之思想基礎上，更進一步將體用義「圓頓化境」與「混融一體」〔註68〕之內在義蘊作一深層之抉發。老、莊爲「體」、爲「無己」、「無

〔註68〕牟師宗三對「圓頓化境之一」、「混融一體」，與「心性爲一」、「心理爲一」有一清晰瞭然之簡別：「圓頓化境是就理氣或道器說，不就心性或心理說。理氣圓融之一與心性爲一、心理爲一並不同。心性爲一，心理爲一，是在分解道德實體之概念上所必須建立者，是體之概念本身就是如此。而理氣圓融之一，是盡性踐形之化境，此並不碍理氣之在分解表示上之有分，而且正因有分別，始可言圓頓化境之爲一。此『一』是混融一體之一，『不可分』是化境上之不可分，並不是概念上之不可分。心性爲一，心理爲一，此『一』是斷定上之一，是內容意義上之一，並不是混融一體之一；而不可分亦是在體之概念上

心」、「無爲」之「所以迹」；儒家之人倫德業爲「用」、爲「迹」；二層在「詭辭爲用」中被施以絕妙性之瀰合，所謂「所以迹者，眞性也。夫任物之眞性者，其迹則六經也」，此種縫合，即《莊子・序》中所稱之「內聖外王之道」。「內聖」在老莊之「道體」，「德充於內」也；「外王」在儒家德業之迹用，「物應於外」也；「外內玄合」，道體儒用，迹冥圓融爲一。

　　此一義蘊之「內聖外王」，姑暫不論其究能合乎儒家「內聖外王」之本義否，然其在詭辭爲用之無執圓境上之抉幽發微，實已至圓熟精透之理境。除此之外，其對於道家清涼沖淡之修證，也有一正面與積極性之詮釋，經由此步「隱解」，道家義理，不應再被誤解爲衰世逃避之「枯禪」，而實有應迹成化、入群合俗之積極功能。另外，其仰承輔嗣之精義，以圓境歸之於儒聖，而只許莊子以「知本」，此雖有歷史傳統之承續因素，而更重要者在於其對「圓教」中「圓境」有深切之體會，此面體會，雖尚未能透顯聖人之所以爲聖之本質內蘊，亦即是其仁心不已之悱惻實感，與夫其既超越又內在之根據——存在上之天道實體，但其在境界義上「迹本或權假之體用觀」之闡發，卻能深刻豁顯聖人無執無爲，渾然與天地萬物爲一體之化境襟懷，此步豁顯，對於後世對「聖人境界」之體會，也能在儒學義理之外，有另外一個面向之理解也。

不可分，並不是化境之不可分。象山、陽明只説心即理，心即性，此『即』並不是化境上不可分、混融一體之『即』，乃是概念斷定上之『即』。此概念斷定上之『即』乃本『仁義內在』而來，並不是本盡性踐形上之圓頓化境而來。」見《心體與性體》第二冊〈程明道之一本論〉（臺北：正中，1978 年），頁 26。

結　論

經由一至三章之闡析，可以見出魏晉在「儒道會通」思想課題上之發展軌跡，從何平叔而王輔嗣，迄於向子期與郭子玄，玄學體系由「傅會文辭」之粗具，進而發展爲「體用本末相即不二」之圓融規模，終而臻乎「雙遣二邊，不離二邊」之當體圓融，此條發展演進之系脈，可借助佛教天台宗之「三觀」以解說之：

一、觀冥，此是抽象地單顯冥體之自己。此爲内域。（無）

二、觀迹，此是抽象地單視具體之散殊。此爲外域。（有）

三、觀迹冥圓，此爲具體之中道：冥體之普遍是具體之普遍，迹用
之散殊是普遍之散殊。普遍之散殊，是全冥在迹，迹不徒迹，
有冥體以融之。具體之普遍，是全迹在冥，冥不徒冥，有迹用
以實之。（玄）〔註1〕

何平叔之理論是第一觀「抽象性單顯冥體之自己」之階段，其對天地萬物之存在與活動所提出之解脫，乃先作「無」、「有」二層超越性之區分，一層是有形有名之具體存在，一層則爲超言絕象之形上之體，具體存在之事物必須憑藉本體之「無」，方能成其爲存在，而此作爲萬物本體之「無」，具絕對性、普遍性與恒久性，是天地萬物普遍妥當之第一原理。此種以分解性之因果追溯方式探求一個發生上之最初因，乃是就現象上之「然」，進一步推求其「所以然」者，然後再以「無」名之，「無」即是萬物所以能存在之形上根據，此爲其「天地萬物以『無』本」之義理結構。

〔註 1〕 「三觀」本爲佛教天台宗之語彙，牟師宗三以之説解「抽象普遍」與「具體
普遍」之體用觀，參《才性與玄理》，頁 192～193。

　　而在理論體系之建構上，其說只有向後返之追溯，而無向前看之徹向，故其「無」之本體，只顯其作爲萬物之「始」與「本」之義，而不顯其不離於物且妙運成就物之意義，故其爲普遍，乃是抽象性之普遍；其爲本體，亦只是超隔懸空狀態之體，道體「玄之又玄，眾妙之門」之靈機妙用隱而不顯。故其體宗至極之「聖人」，亦只能彰顯其「無累」之純淨化一面，而不能盡其既「無累」，而復能「應物」之精透面。而其在「儒道會通」之主題上，亦僅點出儒家之德業必須依止於道家之「無」以爲本體，才能成其爲德業，所謂「德者無爲」，〔註 2〕「賢者恃以成德」者是也，皆只是後返性之追溯。但雖如此，亦已開啓在體用觀上會通二家之先聲。

　　在王輔嗣之體系中，則已躍出「單顯冥體之自己」與「單視具體之散殊」之抽象觀，而開展出一個完整圓滿之理論規模。在體用義上非惟「體」、「用」這一對概念爲其所初創，體用關係不即不離之特殊網絡，亦因其闡發而深切著明，境界形態形上學之特殊底蘊，亦在其學說中充分彰顯，而概念之豐富更令人嘆爲觀止，諸如：母、子，本、末，一、多，常、變，靜、動，性、情，因、反等，或孤明先發，自創新辭，以表達其清晰之理念；或默識神悟，因仍舊貫，而更賦予新穎之意涵，諸概念在其理論系統中亦多而不紊，層次分明，皆扣緊著體用圓融義而展開，此即「無不可以無明，必因於有」、「守母存子」、「崇本舉末」、「執一統眾」、「因常制變」等之義理內涵。

　　且其更經由「不生之生」之點化，豁顯道家本體之「無」，其實乃是主觀生命沖虛渾化之無限理境，此沖虛玄境對於儒家一切道德實踐之活動具有積極及消極二方面之作用。自積極面言之，可以「舉末」，即使聖、智、仁、義、孝、慈等道德實踐活動在無心渾化中源源不絕，應迹而發。自消極面言之，亦可「息末」，使因有爲造作之執著而衍生之虛僞性行爲，可皆得以解消之，一表一遮，而儒德之大用，與道「無」之妙體，遂有一密合無間之關連。

　　「道體」與「儒用」之積極性與圓融性關係，輔嗣是經由「詭辭爲用」以銜接會通。本來在儒家之義理中，人乃道德性之存在體，生命之意義與莊嚴，惟有在盡倫與盡分中方可充分展現。而在輔嗣之「體無用有，超有通無，資無歸有」之體用論中，人固可以是道德性之存在，但人應如何踐德？即以何種方式踐德，方是踐德之最佳方式？此爲輔嗣對《道德經》之義蘊心領神會後所作的設問，「絕聖而後聖功全，棄仁而後仁德厚」，是其所肯認之最佳

〔註 2〕何晏注，邢昺疏：《論語注疏》，頁 16。

踐德方式，道家之沖虛玄德與儒家之人倫實踐，即在此體用關係網絡中圓應爲一。

　　「體無用有，超有通無，資無歸有」，既爲輔嗣之體用圓融觀，若以此圓融體系爲基石，而對體宗踐極之聖人有一番人格義蘊之認定，則此聖人必非只能「無累」而不能「應物」之「無情」者，亦非只能在語言概念中表達「無」之化境，而尚未能體之踐之，實而有之之人。蓋「恒言『無』者，表示其現實之生命尚未能達至「無」之化境，「無」尚是其苦心追求而未達之境，故恒自惕勵，以冀能勉力而至。而達至此化境者，則不求以語言概念表達之，其生命隨時隨地所流露者，即是此「無」體化境之全幅朗現。如若不能在具體而眞實之生命中體現之，而只落於抽象概念之言詮，則一己之生命便落於「有」層，而與「無」成對待，所謂「知者不言，言者不知」，「無又不可以訓，故不說也」，而「恒言『無』者」，實非至極；惟終生不言「無」之孔子，方是「體無」之聖人，而因其「體無」，故爲「應物而無累於物」之「有情」之人。

　　王弼「體無用有，超有通無，資無歸有」之體用觀，與夫「聖人體無而有情」之體用圓境，實甚精美，在「儒道會通」之課題上，確然在思想系統上，開展出一理論架構圓滿完整之玄學體系。

　　其後，向、郭在輔嗣「體無用有」、「崇本舉末」之基礎上，更進一步轉分解爲融化，將「無」、「有」二端同時遮撥，即遮即顯，凸顯一非「無」非「有」，即「無」即「有」之當體圓融，沖虛玄德不復只是一玄妙之理境，而是具體生命當下眞實之展現，雖然此妙用仍是道家消極性應迹之觀照，但在展現中，卻涵有一積極性之義蘊，即一切存在——無論是存在物，抑或是存在活動——皆有其存在之必然性，皆是沖虛玄德作用下之具體而眞實之「有」，亦是玄德化境藉以呈現其自己者，即使是儒家之禮樂教化與人倫德業，也不能外之。是故「自生自有」、「自爾獨化」之當體圓融觀，實亦即是以道家之「無」，融攝儒德之「有」爲一體之體用觀，此種當體化之體用義乃上列第三觀「觀迹冥圓」之上乘理境。

　　在義理旨趣上，「迹冥圓」可謂爲將道家玄理之無執圓教義發揮至淋漓酣暢之極致者，在其理境之涵蘊中，理想人格之認定是能「遊外以宏內，無心以順有」，與「身雖在廟堂之上，而其心無異於在山林之中」之聖人，此等聖人，惟「以不治治天下，以無爲應萬機」之堯，與夫即「幻怪」、「華藻」之「天刑」與「桎梏」，亦猶「無心以成化」之孔子方能當之。人品尊儒聖，言

理崇老莊，聖境因之帶有些許蒼涼之悲感。

在此段「會通儒道」之思想發展上，其卓然特出之成就乃在於由抽象性單顯「冥體之自己」，而推展至一「全迹在冥，全冥在迹，迹冥圓融爲一」之具體普遍義之體用觀，此當體圓融之圓實境，即是其「儒道會通」之課題在理論上之究極表現，其義理內涵與會通之宗旨，則可由阮孝緒言「迹本」之論中粲然見出，其文曰：

> 夫至道之本，貴在無爲；聖人之迹，存乎拯弊。弊拯由迹，迹用有乖於本，本既無爲，爲非道之至。然不垂其迹，則世無以平；不究其本，則道實交喪。丘、旦將存其迹，故宜權晦其本；老、莊但明其本，亦宜深抑其迹。迹既可抑，數子所以有餘；本方見晦，尼丘是故不足。非得一之士，闕彼明智；體之之徒，〔註 3〕獨懷鑒識。然聖已極照，反創其迹；賢未居宗，更言其本。良由迹須拯世，非聖不能；本實明理，在賢可照。若能體茲本迹，悟彼抑揚，則孔、莊之意，其過半矣。〔註4〕

阮孝緒此文很有綜攝性，文辭亦甚美，有可觀者焉，其說實已綜括何、王、向、郭會通儒道之要旨。老莊明本，此乃哲學家之事，而哲學家所述者，實乃聖人所體現之境界。即哲學家是爲聖人立義，經彼等之闡述，聖人之境界造詣乃得以彰明；而聖人則是爲眾人立義，即因須應世俗，拯世弊，而制禮作樂。拯弊由「迹」，故聖人不得不落入「迹」中，而權晦其「本」，此聖人之必然命運也。而此亦如向、郭注《莊》所暢發之「天刑」與「天之戮民」之義。而「孔老會通」問題，從三國末至梁，亦已數百年矣，此足可顯見其爲當時最重要之思想課題也。

然從「體無用有」、「迹冥圓融」以會通儒道，雖足顯見魏晉人思理之精透，亦足以深刻抉發境界義體用之精蘊，然此卻未必爲「孔老同異」問題之究竟解決之道，因儒聖除具備此境界義體用一面外，尚有其存在義體用之另一面，即自有其剛健不已之道德創造義，統合二序之體用以觀之，方能盡儒學之蘊，而得儒聖之實。境界義體用乃儒、道所同之共法，存在義之體用則是儒學所獨有之奧蘊。今魏晉人只從沖虛無爲以言「體」，如此會通孔老，乃

〔註 3〕 「體之之徒」，《冊府元龜》八二二作「體二之徒」，此書「體二之徒」與「得一之士」對舉，故作「體二」爲是。

〔註 4〕 《梁書》卷五十一〈阮孝緒傳〉（臺北：鼎文，1986 年），頁 741。

是以老攝孔，並不能顯儒聖道德創生義之精蘊，而此義不顯，則世間倫常、禮樂刑政，實不能有一積極之肯定；苟對倫常政教缺乏一積極性之肯定，則世之衰亂，實無由得拯也。是故魏晉之清談，即使在理論架構上，已達臻「體用圓融」之境，然對當時之世道人心，實無多大之裨益，且反如揚湯止沸，益加助長其衰勢，是乃魏晉名士為後世所詬病之故。

　　儒門所特有之存在義體用，其義理淵深幽微，是宋明六百年學術之核心底蘊，此已逾越本文之範圍，茲不贅述。

參考書目

一、老、莊、易三玄註譯本

1. 王弼注，紀昀校訂，《老子道德經》，臺北文史哲出版社，1979。

2. 石田洋一郎刊誤，《老子王弼注》，臺北河洛圖書公司，1974。

3. 嚴靈峰，《無求備齋老子集成》，臺北藝文印書館，1970。

4. 樓宇烈，《王弼集校釋》，臺北華正書局，1992。

5. 憨山大師，《老子道德經憨山解·莊子內篇憨山註》，臺北琉璃經房，1974。

6. 王夫之，《老子衍；莊子通》，北京中華書局，1962。

7. 饒宗頤，《老子想爾注校證》，上海古籍出版社，1991。

8. 丁仲祜（福保），《老子道德經箋注》，臺北廣文書局，1975。

9. 陳鼓應，《老子今註今譯》，臺北商務印書館，1981。

10. 嚴靈峰，《老子達解》，臺北華正書局，1979。

11. 王淮，《老子探義》，臺北商務印書館，1969。

12. 任繼愈，《老子新譯》，臺北谷風出版社，1987。

13. 《老子釋譯》，臺北里仁書局，1985。

14. 朱謙之，《老子校釋》，臺北明倫書局，1970。

15. 李勉，《老子詮證》，臺北東華書局，1987。

16. 余培林，《新譯老子讀本》，臺北三民書局，1975。

17. 高亨，《老子正詁》，臺北開明書局，1968。

18. 陳柱選註，《老子》，臺北商務印書館，1970。

19. 陳鼓應，《老子今注今譯》，臺北商務印書館，1970。

20. 許杭生，《帛書老子詮釋與研究》，浙江人民出版社，1985。

21. 程南洲，《倫敦所藏敦煌老子寫本殘卷研究》，臺北文津出版社，1985。

22. 楊樹達，《老子古義》，無求備齋老子集成本，臺北藝文印書館，1965。

23. 蔣錫昌，《老子校詁》，臺北東昇出版社，1980。

24. 魏源，《老子本義》，臺北商務印書館，1973。

25. 郭象注，成玄英疏，郭慶藩集釋，《莊子集釋》，臺北河洛書局，1974。

26. 憨山註，《莊子內篇注》，臺北廣文書局，1973。

27. 陳壽昌，《南華眞經正義》，臺北新天地書局，1977。

28. 王夫之，《莊子通・莊子解》，臺北里仁書局，1984。

29. 陳鼓應，《莊子今注今譯》，北京中華書局，1994。

30. 黃錦鋐，《莊子讀本》，臺北三民書局，1974。

31. 張默生，《莊子新釋》，臺北洪氏出版社，1979。

32. 錢穆，《莊子纂箋》，臺北三民書局，1981。

33. 錢穆，《莊老通辨》，臺北三民書局，1973。

34. 《莊子研究》，復旦大學。

35. 王弼、邢璹注，陸德明釋文，《周易注》附略例，無求備齋易經集成本，成文出版社，1976。

36. 王弼注，《周易經翼通解》，臺北華聯出版社，1974。

37. 王弼、韓伯注、孔穎達正義，《周易》，臺北藝文印書館十三經注疏本，1979。

38. 李鼎祚，《周易集解》，臺北學生書局，1976。

39. 李道平，《周易集解纂疏》，臺北文史哲出版社，1971。

40. 程頤，《易程傳》，臺北河洛圖書出版社，1974。

41. 朱熹，《周易本義》，臺北河洛圖書出版社，1974。

42. 焦循，《周易補疏》，臺北世界書局，1962。

43. 高亨，《周易大傳今注》，山東齊魯書局，1988。

44. 徐志銳，《周易大傳新注》，臺北里仁書局，1995。

45. 王夫之，《船山易學上下》，臺北廣文書局，1981。

46. 扶經心室主人，《清儒易經彙解》，臺北鼎文書局，1972。

47. 黃壽祺、張善文，《周易譯注》，上海古籍出版社，1989。

48. 金景芳、呂紹綱，《周易全解》，臺北韜略出版社，1996。

49. 南懷瑾、徐芹庭，《周易今註今譯》，臺北商務印書館，1980。

二、其他經史子集

1. 何晏集解，邢昺疏，《論語注疏》，臺北藝文印書館十三經注疏本，1955。

2. 皇侃，《論語義疏》，臺北商務印書館叢書集成，1966。

3. 朱熹，《四書章句集註》，臺北鵝湖出版社，1984。

4. 楊伯峻，《論語譯注》，臺北河洛圖書出版社，1980。

5. 楊伯峻，《孟子譯注》，臺北河洛圖書出版社，1980。

6. 左丘明，《左傳》，臺北藝文印書館十三經注疏本，1955。

7. 鄭玄註，孔穎達疏，《禮記》，臺北藝文印書館十三經注疏本，1985。

8. 毛亨傳、鄭玄箋，孔穎達疏，《詩經》，臺北藝文印書館十三經注疏本，1985。

9. 朱彝尊，《經義考》，臺北中央研究院中國文哲研究所籌備處，1997。

10. 司馬遷，《史記》，標校本二十五史，臺北鼎文書局，1979。

11. 班固，《漢書》，標校本二十五史，臺北鼎文書局，1979。

12. 范曄，《後漢書》，標校本二十五史，臺北鼎文書局，1979。

13. 王先謙，《後漢書集解》，臺北藝文印書館，1979。

14. 袁宏，《後漢紀》，臺北商務印書館，1979。

15. 陳壽，《三國志》，臺北鼎文書局標校本二十五史，1979。

16. 房玄齡，《晉書》，臺北鼎文書局標校本二十五史，1979。

17. 姚思廉，《梁書》，臺北鼎文書局標校本二十五史，1979。

18. 李延壽，《北史》，臺北鼎文書局，標校本二十五史，1980。

19. 魏徵等，《隋書》，臺北鼎文書局標校本二十五史，1975。

20. 趙翼，《二十二史箚記》，臺北商務印書館，1965。

21. 顧炎武，《日知錄》，臺北文史哲出版社，1979。

22. 王先謙，《荀子集解》，臺北藝文印書館，1973。

23. 李滌生，《荀子集釋》，臺北學生書局，1979。

24. 《荀子新注》，臺北里仁書局，1983。

25. 譚戒甫，《墨經分類譯註》，臺北崧高書局，1985。

26. 《管子、商君書》，臺北世界書局，1955。

27. 韋政通，《董仲舒》，臺北東大圖書公司，1986。

28. 董仲舒，《春秋繁露》，臺北河洛圖書出版社，1975。

29. 劉文典，《淮南鴻烈集解》，臺北粹文堂書局，未註。

30. 鄭萬耕，《太玄校釋》，北京師範大學出版社，1989。

31. 四部叢刊初篇，《揚子法言、潛夫論、中論》，臺北商務印書館，1965。

32. 王充，《論衡》，臺北商務印書館，1983。

33. 張湛注，《列子》，臺北廣文書局，1971。

34. 楊伯峻，《列子集釋》，臺北明倫出版社，1970。

35. 嚴捷・嚴北溟，《列子譯註》，臺北仰哲出版社，1987。

36. 蕭登福，《列子探微》，臺北文津出版社，1990。

37. 班固，《白虎通》，臺北商務印書館，1966。

38. 王符，《潛夫論箋校正》，北京中華書局，1985。

39. 劉劭，《人物志》，臺北中華書局，1978。

40. 葛洪，《抱朴子內篇校釋》，北京中華書局，1983。

41. 余嘉錫，《世說新語箋疏》，臺北仁愛書局，1984。

42. 楊勇，《世說新語校箋》，臺北明倫書局，1970。

43. 阮籍，《阮嗣宗集》，臺北華正書局，1979。

44. 戴揚明，《嵇康集校註》，臺北河洛圖書公司，1978。

45. 《廣弘明集》，臺北中華書局，1981。

46. 釋僧祐，《弘明集》，臺北商務印書館四部叢刊，1980。

47. 劉勰，《文心雕龍》，臺北里仁書局，1984。

48. 嚴可均，《全上古三代秦漢三國六朝文》，臺北世界書局，1982。

49. 李善註，《昭明文選》，臺北藝文印書館，1974。

50. 陸德明，《經典釋文》，抱經堂本，臺北漢京文化公司，1985。

51. 明陳榮刊本，《漢魏叢書》，臺北藝文印書館，1967。

52. 馬國翰，《玉函山房輯佚書》，臺北文海書局，1967。

53. 晁說之，《嵩山文集》，臺北商務印書館四部叢刊續編，1966。

54. 許慎，《說文解字》，臺北宏業書局，1973。

55. 陳澧，《東塾讀書記》，臺北中華書局聚珍仿宋版，1965。

56. 陸九淵，《陸象山集》，臺北里仁書局，1981。

三、近人著作

1. 丁壽昌，《讀易會通》，四川成都古籍書店，1988。

2. 王邦雄，《中國哲學論集》，臺北學生書局，1983。

3. 王邦雄，《老子的哲學》，臺北東大圖書公司，1980。

4. 王邦雄，《儒道之間》，臺北漢光文化公司，1985。

5. 王煜，《老莊思想論集》，臺北聯經出版公司，1979。

6. 王葆弦，《正始玄學》，山東齊魯書社，1987。

7. 王仲犖，《魏晉南北朝史》，臺北谷風出版社，1987。

8. 王壽南，《中國歷代思想家》，臺北商務印書館，1979。

9. 方北辰，《魏晉南朝江東世家大族述論》，臺北文津出版社，1991。

10. 方穎嫻，《先秦道家與玄學佛學》，臺北學生書局，1986。

11. 孔毅，《魏晉名士》，四川巴蜀書社，1994。

12. 中國魏晉南北朝史學會編，《魏晉南北朝史研究》，四川社會科學院出版社。

13. 田文棠，《魏晉三大思潮論稿》，陝西人民出版社，1988。

14. 丘為君，《自然與名教》，臺北木鐸出版社，1981。

15. 台大哲學系主編，《當代西方哲學與方法論》，臺北東大圖書公司，1983。

16. 牟宗三，《生命的學問》，臺北三民書局，1978。

17. 牟宗三，《才性與玄理》，臺北學生書局，1978。

18. 牟宗三，《道德的理想主義》，臺北學生書局，1978。

19. 牟宗三，《歷史哲學》，臺北學生書局，1980。

20. 牟宗三，《中國哲學的特質》，臺北學生書局，1980。

21. 牟宗三，《中國哲學十九講》，臺北學生書局，1983。

22. 牟宗三，《佛性與般若》，臺北學生書局，1984。

23. 牟宗三，《圓善論》，臺北學生書局，1985。

24. 牟宗三，《智的直覺與中國哲學》，臺北商務印書館，1987。

25. 牟宗三，《心體與性體》，臺北正中書局，1987。

26. 牟宗三，《現象與物自身》，臺北學生書局，1990。

27. 牟宗三，《周易的自然哲學與道德函義》，臺北文津出版社，1988。

28. 牟宗三等，《中國哲學思想論集——兩漢魏晉隋唐篇》，臺北牧童出版社，1976。

29. 牟潤孫，《論魏晉以來之崇尚談辨及其影響》，香港中文大學，1966。

30. 任繼愈，《中國哲學發展史——秦漢》，北京人民出版社，1988。

31. 任繼愈，《中國哲學發展史——魏晉南北朝》，北京人民出版社，1988。

32. 任繼愈，《中國佛教史一～三卷》，北京中國社會科學出版社，1981～1988。

33. 任繼愈，《中國道教史》，上海人民出版社，1990。

34. 安樂哲，《中國哲學問題》，臺北商務印書館，1973。

35. 朱維煥，《周易經傳象義闡釋》，臺北學生書局，1980。

36. 朱伯崑，《易學哲學史》，北京大學出版社，1986。

37. 江俠菴，《先秦經籍考》，臺北河洛圖書出版社，1975。

38. 李杜，《中國古代天道思想論》，臺北藍燈文化公司，1992。

39. 李明輝，《儒家與康德》，臺北聯經出版公司，1990。

40. 李鏡池，《周易通義》，北京中華書局，1981。

41. 吳汝鈞，《佛教的概念與方法》，臺北商務印書館，1988。

42. 印順，《般若經講記》，妙雲集上編，臺北正聞出版社，1981。

43. 沈呆之，《兩晉清談》，臺北廣文書局，1976。

44. 何啓民，《魏晉思想與談風》，臺北學生書局，1990。

45. 何啓民，《竹林七賢研究》，臺北學生書局，1978。

46. 呂澂，《中國佛學思想概論》，臺北天華出版社，1982。

47. 呂澂，《印度佛學思想概論》，臺北天華出版社，1987。

48. 汪惠敏，《三國時代之經學研究》，臺北漢京文化公司，1981。

49. 余英時，《中國知識階層史論》，臺北聯經出版公司，1984。

50. 余英時，《中國思想傳統的現代詮釋》，臺北聯經出版公司，1987。

51. 余敦康，《何晏王弼玄學新探》，山東齊魯書社，1991。

52. 蕭萐夫、李錦全合編，《中國哲學史（上）（下）》，北京人民出版社，1982～1983。

53. 周一良，《魏晉南北朝史札記》，北京中華書局，1985。

54. 周紹賢，《兩漢哲學》，臺北文景出版社，1978。

55. 林尹等，《易經研究論集》，臺北黎明文化公司，1981。

56. 林聰舜，《向郭莊學之研究》，臺北文史哲出版社，1981。

57. 林麗眞，《王弼》，臺北東大圖書公司，1988。

58. 侯外廬，《中國思想通史》，北京人民出版社，1977。

59. 侯外廬，《漢代社會與漢代思想》，臺北嵩華出版公司，1978。

60. 金岳霖，《知識論》，北京商務印書館。

61. 孫振青，《知識論》，臺北五南圖書公司，1982。

62. 屈萬里，《先秦漢魏易例述評》，臺北聯經出版公司，1985。

63. 屈萬里，《讀易三種》，臺北聯經出版公司，1983。

64. 胡孚琛，《魏晉神仙道教》，北京人民山版社，1990。

65. 胡楚生，《老莊研究》，臺北學生書局，1992。

66. 胡適等，《中國哲學思想論集——總論篇》，臺北牧童出版社，1976。

67. 朗擎霄，《莊子學案》，臺北河洛圖書公司，1974。

68. 范良光，《易傳道德的形上學》，臺北商務印書館，1982。

69. 姚季農，《三國史論集》，臺北中古籍史料出版社，1972。

70. 唐君毅，《哲學概論》，臺北學生書局，1978。

71. 唐君毅，《人文精神之重建》，臺北學生書局，1978。

72. 唐君毅，《中國文化之精神價值》，臺北正中書局，1981。

73. 唐君毅，《中國人文精神之發展》，臺北學生書局，1983。

74. 唐君毅，《中國哲學原論──導論篇‧原性篇‧原道篇‧原教篇》，臺北學生書局，1984。

75. 唐長孺，《魏晉南北朝史論叢》，北京三聯書店，1957。

76. 唐長孺，《魏晉南北朝史論拾遺》，臺北帛書出版社，1982。

79. 徐復觀，《兩漢思想史》，臺北學生書局，1979。

78. 徐復觀，《中國思想史論集》，臺北學生書局，1979。

79. 徐復觀，《中國思想史論集續篇》，臺北時報文化公司，1982。

80. 徐復觀，《中國人性論史》，臺北商務印書館，1984。

81. 袁保新，《老子哲學之詮釋與重建》，臺北文津出版社，1991。

82. 袁濟喜，《兩漢精神世界》，中國人民大學出版社，1994。

83. 唐力權，《周易與懷德海之間》，臺北黎明文化公司，1989。

84. 唐端正，《先秦諸子論叢》，臺北東大圖書公司，1981。

85. 高懷民，《兩漢易學史》，臺北文津出版社，1978。

86. 高懷民，《大易哲學論》，臺北文津出版社，1978。

87. 張立文，《中國哲學範疇發展史（天道篇）》，北京人民大學出版社，1988。

88. 張岱年，《中國哲學問題史》，中國社會科學出版社，1982。

89. 張岱年，《中國哲學史方法論發凡》，北京中華書局，1983。

90. 阿多爾諾著、張峰譯，《否定的辯證法》，四川重慶出版社，1993。

91. 張曼濤編，《華嚴宗之判教與發展》，臺北大乘出版社，1979。

92. 張曼濤編，《天台宗之判教與發展》，臺北大乘出版社，1979。

93. 張曼濤編，《中國佛教之特質與宗派》，臺北大乘出版社，1979。

94. 張舜徽，《周秦道論發微》，臺北木鐸出版社，1983。

95. 陳安仁，《中國上古中古文化史》，臺北西林出版社，1971。

96. 崔大華，《莊學研究》，北京人民出版社，1992。

97. 郭湛波，《中國中古思想史》，香港龍門書店，1967。

98. 許抗生等，《魏晉玄學史》，陝西師大出版社，1989。

99. 陶建國，《兩漢魏晉之道家思想》，臺北文津出版社，1986。

100. 陳順智，《魏晉玄學與六朝文學》，湖北武漢大學出版社，1993。

101. 張恒壽，《莊子新探》，湖北人民出版社，1983。

102. 陳寅恪，《金明館叢稿初、二編》，臺北里仁書局，1981。

103. 陳柱、王力，《老學九篇》，臺北鳴宇出版社，1980。

104. 陳鼓應，《莊子哲學探究》，作者自印本，1978。

105. 陳鼓應，《莊子哲學》，臺北商務印書館，1992。

106. 陳鼓應，《老莊新論》，香港中華書局，1995。

107. 深圳大學國學研究所，《中國文化與中國哲學》，北京三聯書店，1990。

108. 勞思光，《康德知識論要義》，臺北河洛圖書出版公司，1978。

109. 勞思光，《中國哲學史》，臺北三民書局，1981。

110. 馮友蘭，《中國哲學史》，香港文蘭圖書公司，1967。

111. 馮友蘭，《新原道》，臺北商務印書館，1995。

112. 馮耀明，《中國哲學的方法論問題》，臺北允晨文化公司，1989。

113. 李偉泰，《漢初學術及王充論衡述論稿》，臺北長安出版社，1985。

114. 李志夫，《中印佛學之比較研究》，臺北中央書局，1986。

115. 黃錦鋐，《莊子及其文學》，臺北東大圖書公司，1977。

116. 黃懺華，《佛教各宗大意》，臺北文津出版社，1984。

117. 湯其領，《漢魏兩晉南北朝道教史研究》，河南大學出版社，1994。

118. 程大昌，《易老通言》，無求備齋易經集成本，臺北成文出版社，1976。

119. 黃壽祺、張善文編，《周易研究論文集（二）》，北京師範大學出版社，1989。

120. 黃沛榮編，《易學論著選集》，臺北長安出版社，1985。

121. 湯一介，《郭象與魏晉玄學》，湖北人民出版社，1983。

122. 湯一介，《魏晉南北朝時期的道教》，臺北東大圖書公司，1988。

123. 湯錫予，《漢魏兩晉南北朝佛教史》，臺北齊民出版社，1980。

124. 傅偉勳，《西洋哲學史》，臺北三民書局，1979。

125. 傅偉勳，《從西方哲學到禪佛教》，臺北東大圖書公司，1986。

126. 傅偉勳，《從創造的詮釋到大乘佛學》，臺北東大圖書公司，1990。

127. 傅偉勳，《「文化中國」與中國文化》，臺北東大圖書公司，1988。

128. 葉程義，《莊子研究論集》，臺北義聲出版社，1979。

129. 葉國慶等，《莊子研究論集》，臺北木鐸出版社，1983。

130. 楊正江，《哲學體系重要問題研究》，上海遠東出版社，1993。

131. 楊祖漢，《儒學與康德的道德哲學》，臺北文津出版社，1987。

132. 熊十力，《原儒》，臺北明倫書局，1971。

133. 熊十力，《體用論》，臺北學生書局，1976。

134. 葛榮晉，《中國哲學範疇史》，黑龍江新華書巨，1987。

135. 劉汝霖，《漢晉學術編年》，臺北長安出版社，1979。

136. 劉汝霖，《東晉南北朝學術編年》，臺北長安出版社，1979。

137. 黎傑，《魏晉南北朝史》，臺北九思出版公司，1973。

138. 劉大鈞，《周易概論》，山東齊魯書社，1986。

139. 劉笑敢，《莊子哲學及其演變》，北京中國社會科學出版社，1987。

（魏晉思想甲編三種：）

140. 賀昌羣，《魏晉清談思想初論》，臺北里仁書局，1995。

141. 劉大杰，《魏晉思想論》，臺北里仁書局，1995。

142. 袁行霈，《魏晉玄學中的言意之辨與中國古代文藝理論》，臺北里仁書局，1995。

（魏晉思想乙編三種：）

143. 魯迅，《魏晉風度及文章與藥及酒之關係》，臺北里仁書局，1995。

144. 容肇祖，《魏晉的自然主義》，臺北里仁書局，1995。

145. 湯用彤，《魏晉玄學論稿》，臺北里仁書局，1995。

146. 錢穆，《國史大綱》，臺北商務印書館，1976。

147. 錢穆，《中國學術思想史論叢》，臺北東大圖書公司，1976～1980。

148. 錢穆，《中國思想史》，臺北學生書局，1977。

149. 盧建榮，《魏晉的自然思想》，臺北聯鳴文化公司，1981。

150. 蔡仁厚，《孔孟荀哲學》，臺北學生書局，1984。

151. 蔡仁厚，《儒家思想的現代意義》，臺北文津出版社，1987。

152. 蔡仁厚，《中國哲學史大綱》，臺北學生書局，1988。

153. 霍韜晦，《絕對與圓融》，臺北東大圖書公司，1986。

154. 霍韜晦，《如實觀的哲學》，香港法住書局，1988。

155. 戴璉璋，《易傳之形成及其思想》，臺北文津出版社，1989。

156. 鄺士元，《魏晉南北朝研究論集》，臺北文史哲出版社，1984。

157. 羅宏曾，《魏晉南北朝文化史》，四川人民出版社，1989。

158. 關鋒，《莊子內篇譯解和批判》，北京中華書局，1961。

159. 羅宗強，《玄學與魏晉士人心態》，浙江人民出版社，1991。

160. 嚴靈峰，《老列莊三子知見書目》，臺北中華業書編審委員會，1965。

161. 嚴靈峰，《易學新論》，臺北正中書局，1978。

162. 嚴靈峰，《老莊研究》，臺北中華書局，1979。

163. 嚴靈峰，《無求備齋學術新著》，臺北商務印書館，1987。

164. 蘇新鋈，《郭象莊學評議》，臺北學生書局，1980。

165. 蘇志宏，《秦漢禮樂教化論》，四人民出版社，1991。

166. 牟宗三等，《當代新儒學論文集——總論篇、內聖篇、外王篇》，臺北文津出版社，1991。

167. 《魏晉南北朝文學與思想學術研討會論文集》，臺北文史哲出版社，1991。

四、論文期刊

1. 王瓛，《魏晉南北朝時代儒道釋三教在思想上之相與訾應——儒道之相與訾應》，國科會研究論文。

2. 王邦雄，〈論儒道墨三家精神之異同〉，《新天地》第五卷第七期。

3. 王邦雄，〈論儒學客觀化的曲成問題——為「一心開二門」進一解〉，《中央大學人文學報》第五期，1987。

4. 王葆玹，〈「穀梁傳疏」所引王弼「周易大演論」〉，《中國哲學史研究》，1983。

5. 王韶生，〈何晏與魏晉學術之關係〉，《崇基學報》第四卷第一期。

6. 本田濟著、李世傑譯，〈魏晉時代的儒玄論爭〉，《恒毅》第五卷第十八期。

7. 史作檉，〈孔老哲學之根本精神異同辨〉，《孔孟月刊》第三卷第三期，1964。

8. 朱文祿，〈王弼倫理思想略論〉，《中國哲學史研究》，1986。

9. 那薇，〈淺析王弼的「崇本息末」說〉，《中國哲學史研究》，1983。

10. 李春，《老子王弼注校訂補正》，師大國文所碩士論文，1979。

11. 李增，〈王弼之形上學〉，《中國哲學史研究》，1985。

12. 李源澄，〈漢魏兩晉之論師及其名論〉，《文史雜誌》第二卷第一期，1966香港再版。

13. 李銘盛，《莊子內七篇郭象注研究》，輔仁大學中文所碩士論文，1981。

14. 周大興，《魏晉玄學中自然與名教關係問題研究》，文化大學哲研所碩士論文，1990。

15. 周世輔，〈魏晉哲學之研析〉，《革命思想》第二十九卷第六期 1970。

16. 周紹賢，〈清談亡晉問題之商榷〉，《大陸雜誌》十四卷十一期，1957。

17. 金忠烈，〈孔子精神在王弼心目中之地位〉，《孔孟月刊》第二卷第十期，1964。

18. 金忠烈，〈王弼注易老的觀念造詣〉，《大陸雜誌》二八卷六、七期，1964。

19. 林麗真，〈魏晉人論聖賢高士〉，《孔孟月刊》十八卷三期，1979。

20. 林麗真，《王弼及其易學》，臺灣大學中文所碩士論文，1973。

21. 林麗真，《魏晉清談主題之研究》，臺灣大學中文所博士論文，1978。

22. 林耀曾，〈正始之音與魏晉學風〉，《幼獅月刊》第四十七卷第二期，1978。

23. 林顯庭，《魏晉清談及其名題之研究》，文化大學哲研所博士論文，1983。

24. 范壽康，〈魏晉的清談〉，《武漢大學文哲季刊》五卷二號，未註。

25. 胡賢鑫，〈論王弼的認識論〉，《中國哲學史研究》，1987。

26. 胡以嫻，《老子形上學之研究》，臺灣大學哲研所碩士論文，1980。

27. 袁保新，《老子形上思想之詮釋與重建》，文化大學哲研所博士論文，1983。

28. 孫道昇，〈清談起源考〉，《東方雜誌》第四十二卷三號，1946。

29. 唐端正，〈論孟莊老荀四家思想之無爲與有爲〉，新亞書院學術年刊第一期，1959。

30. 張成秋，《王弼老學之無與無名》，木鐸，1984。

31. 張成秋，〈王弼老學之道與無〉，《新竹師專學報》，1985。

32. 張成秋，〈王弼老學之大智與小智〉，《新竹師專學報》，1987。

33. 張曼濤，〈魏晉新學與佛教思想之交涉〉，收入《道安法師七十歲紀念論文集》，臺北大乘文化，1976。

34. 許抗生，〈論魏晉時期的諸子百家〉，《中國哲學史研究》，1982。

35. 商聚德，〈崇本舉末和崇本息末〉，《中國哲學史研究》，1985。

36. 馮友蘭，〈郭象〈莊子注〉的哲學體系〉，收入《中華學術論文集》，未註。

37. 馮承基，〈論魏晉名士之政治生涯〉，《國立編譯館館刊》二卷二期，1973。

38. 湯用彤，〈漢魏學術變遷與魏晉玄學的產生〉，《中國哲學史研究》，1983。

39. 喻博文，〈王弼易學的方法論思想〉，《中國哲學史研究》，1987。

40. 逯耀東，〈魏晉玄學與個人意識覺醒的關係〉，史原第二期，1971。

41. 黃錦鋐，〈魏晉莊學〉，收入〈漢學論文集〉，（臺北驚聲出版社），1970。

42. 鄔本順，〈劉劭「人物志」中的人才哲學思想〉，《中國哲學史研究》，1983。

43. 蒙培元，〈言意之辨及其意義〉，《中國哲學史研究》，1983。

44. 詹雅能，《裴頠崇有論研究》，師大國文所碩士論文，1988。

45. 蔡纓勳，《僧肇般若思想之研究》，師大國文所碩士論文，1985。

46. 鄭慕雍，〈王弼注易用老考〉，《勵學》第三期。

47. 戴君仁，〈王弼何晏的經學〉，《孔孟學報》第二十期，1970。

48. 戴君仁，〈皇侃論語義疏的內涵思想〉，《孔孟學報》第二十一期，1971。

49. 戴君仁，〈魏晉清談家評判〉，《幼獅學誌》第八卷第三期，1969。

50. 戴璉璋，〈王弼易學中的玄思〉，《中央研究院文哲研究所集刊》（創刊號），1991。

51. 鄺利安，〈試論魏晉士風不競之成因〉，《幼獅學誌》第八卷第二期，1969。

52. 繆鉞，〈清談與魏晉政治〉，《中國文化研究》，第八卷。

53. 蕭登福，〈列子天道觀──兼論魏晉之「自生」說〉，中《華文化復興月刊》

第十五卷第七期，1982。

54. 羅光，〈漢代至南北朝哲學思想的變遷〉，《哲學與文化月刊》五卷二期，1978。

55. R.T.阿密斯，李小兵譯，〈中國古代思想史「體」（Body）的意義〉，《中國哲學史研究》，1986。

五、英文論著

1. Chad Hansen, "Linguistic Skepticism in the Lao-Tzu", Philosophy East and West 31, (July 1981).

2. Charles Wei-Hsun Fu, "Creative Hermeneutics", Journal of Chinese Philosophy 3, (1976).

3. M. Heidegger, "Identity and Difference", Harper & Row, New York, 1969.

4. M. Heidegger, "On the Way to Language", Harper & Row, New York, 1982.

5. 陳康，*"Wha't does Lao-Tzu mean by the term 'Tao' ?"*，《清華學報》新四卷二期，民國 53 年 2 月。

附錄一：從「應機權說」到「如理實說」：
老子與王弼在表意方式上的差異

摘　要

　　先秦道家，無論是老子或莊子，其學說都是就文化問題深切反省，或就生命存在感受憂患，基本上都是一種具體而眞切的實感，實感實證，發而爲言，其言亦是對應當下存在之機而作的啓發性指點，故其言說都是一種應機性的權說，而其學說思想亦充滿著實踐的旨趣。魏晉人物則擅長持論，其在學術上卓然有成。有關對老、莊、易談辯之內容，皆可以「名理」稱之。而名理者，並非今日所謂的「邏輯」或「論理學」之意，它的意涵應該是「理論」或「義理」，更切當地說，它是一種見解透闢，析理深微，且談辯無礙的談言。其所注《道德經》、《周易》、《莊子》，實則一方面使經典古籍之義理燦然明晰；另一方面建構出道家的圓教思想體系。從應機權說到如理實說乃是本文析論老子與王弼在表意方式上的綱架，其亦是先秦道家到魏晉玄學在方法論上的衍進。

一、前　言

　　中國哲學，尤其是儒、釋、道三家的學問，乃是以生命爲中心，以實踐爲依歸，即如在義理向度上較具理論旨趣的圓教思想，其系統建構的首要之務，仍在於經由理論結構的舖陳，展示出一條實現自己、成就自己，達臻一個絕對善的圓滿世界之實踐進程，亦即是，其哲學心靈與哲學思維主要在於開拓出意義世界及價值世界，其作用側重於「對『活動』一面的引導」，〔註1〕其終極目標，則在於「深窮宇宙實相、人生眞性」，〔註2〕此種以生命實踐爲導向的哲學傳統，自不同於以知識導向的西方哲學。

　　因爲中國哲學關懷的是價值問題，而非知識問題，故而其亦欠缺了西方哲學中循知識進路所建構的宇宙論、本體論、知識論、人生論等，因之諸如宇宙本體是一、還是多，是心、抑是物；知識對象是主、或是客，是實在、抑是觀念；能知能力又如何及於所知而構成知識，乃至西方近代順著邏輯、知識論之精密分析傳統發展而成的語言分析等，凡此以主客對列爲基本格局的知識體系，皆非中國哲學之勝場。而細究其因，則在於中國哲學的關懷方向與其表意方式，就前者而言，「中國哲人在形上思考之時，關懷的是如何通過價值之源的澄清來安立一切存在事物的關係，但西方哲人在從事存在論的思考時，就志在通過第一原理的探尋來說明一切存有物的客觀結構。」〔註3〕

　　在表意方式上，先秦哲學，除了名家與墨辯較具有抽象性的思維外，其餘大都慣於使用啓發性的指點語言，此種啓發性語言著重的是心領神會的教化功能，如曾子之悟孔子「吾道一以貫之」的妙旨，〔註4〕莊子「以巵言爲曼衍，以重言爲眞，以寓言爲廣」〔註5〕的言說方式，其中雖無嚴謹細密的邏輯

〔註1〕勞思光：〈哲學方法與哲學功能〉，馮耀明：《中國哲學的方法論》一書之〈序文〉（臺北：允晨，1989年），頁5。

〔註2〕熊十力：《讀經示要》卷二（臺北：廣文，1972年），頁119。

〔註3〕袁保新：《老子哲學之詮釋與重建》（臺北：文津，1991年），頁182。

〔註4〕《論語・里仁》：「子曰：參乎，吾道一以貫之。曾子曰：唯，子出，門人問曰：何謂也。曾子曰：夫子之道，忠恕而已矣。」正是孔門師生超越語言相互契應的例證，朱熹：《四書章句集註》（臺北：鵝湖，1984年），頁72。

〔註5〕《莊子・天下篇》：「以天下爲沈濁，不可與莊語，以巵言爲曼衍，以重言爲眞，以寓言爲廣，獨與天地精神往來而不傲倪於萬物，不譴是非，以與世俗處。其書雖瓌瑋而連犿無傷也，其辭雖參差而諔詭可觀。」展現了莊子後學對莊子語言特質的了解。郭慶藩：《莊子集釋》（臺北：河洛，1974年），頁1098～1099。

分析與概念分析，但師生之間，隻言片語，意在言外；心悟神應，莫逆於心，重視語言在教化中的啓發性與指點性功能，可謂是圓融精神時期「權說」式語言的一個特色。

語言的功能既在於教化，而教化的指歸又在於自我的實踐，因之，從實踐的觀點言之，學說體系無論構作得如何精妙，都只是一種玄思境，如果心靈終日沈沒於概念世界中，唯以安排概念爲務，反而是一種迷障，故而在中國的生命哲學中，語言的功用，目的是在於超越語言，只有超越言詮，才能契入絕對，由之而開展出儒、釋、道三家特殊的表意方式。

超越言說，證會究竟了義，一方面開啓了實踐之門，一方面亦指出了語言與思維的限制性，然而它卻同時也是權說式語言的自我限制，因爲既重視「言外之意」，則「言意境」與「超言意境」畢竟分成兩範疇；且藉著言說，超越言說，有賴於個人主觀的慧解，但能心領神會者寥寥無幾，登堂入室者亦非多數，〔註6〕況且傳衍日久，異解益多，所謂「孔、墨之後，儒分爲八，墨離爲三」，〔註7〕因之從圓融精神時期之「權說」，發展爲圓教思想時期的「圓實說」，實亦是不得不然的衍進趨勢。

圓實說，亦稱如理實說，意即在言說方式上，它「理應如此」說，才是圓滿的「實說」，而非應機的「權說」，而此種圓滿義的圓教語言，非如西方語言學直接扣緊語言自身來反省語義、語用、語法的問題，亦非依準於西方主客對列的思維方式，相反地，它除了泯除自我與天、地、人、物間的界限與分別之外，更進一步地以超越層籠罩性地統攝經驗層，形構成一個二而一、一而二的理論結構，意即從思維觀點言之，它可分，但就存有自身而言，它不可分。

相對於「權說」方式，「圓實說」展現了一個究極性的圓滿，此圓滿義表現在兩個方面：其一，它對一切存在有一存有論的說明，其二，它對本體與現象、理想存在與現實存在，先作超越性的區分，進而經由同體依即的辯證方式，雙遮雙取，雙遣二邊，又不離二邊，亦即是其雖有二層，而不礙其歸於一；雖歸於一，又不妨其分別有所對應，二而一、一而二。而是一、抑或是二，關鍵在於自我省豁不省豁，自覺不自覺，若一念不覺，則上下二層即

〔註6〕 《論語・雍也》：「子曰：中人以上，可以語上也。中人以下，不可以語上也。」《四書章句集註》，頁89。

〔註7〕 《韓非子・顯學》：「故孔墨之後，儒分爲八，墨離爲三，取舍相反不同，而皆自謂眞孔墨。」陳奇猷：《韓非子集釋》（臺北：世界，1972年），頁1080。

成隔閡；如當下省豁，則煩惱即菩提、方便即真實，展現出當下即是、「當體全是」的圓滿意義，在此圓義之下，上下二層交徧互徹，若從客觀存在入路言，則展現了「體相上的圓融」，諸如王弼的「崇本舉末」、天台宗的「一念無明法性心」、胡五峰的「天理人欲同體而異用，同情而異行」，皆照發了存有上的一體性；如從主體境界入路，則展現了「事相上的圓融」，〔註 8〕諸如向、郭的「迹冥圓」、華嚴宗的「事事無礙法界」，顯發了絕對與現實的不二性。圓實說、如理實說，開展出中國語言哲學的另一種特殊表意方式。

　　本文的撰作實深受前輩學者們的啟發，了解到表意方式在中國哲學研究中之重要性，雖然，方法論的問題在傳統中國哲學裡是屬隱性的，而非顯性的，亦即是：前代哲人在闡述其學說思想時，並無清楚地交待其論述程序與論述方法，尤其圓融精神時期，其語言的主要功能是被用在於教化，且隨機而發，故而其方法是在接引與施教方式上表現，至如圓教思想時期，在理論體系的展示上，雖已漸次發展成圓教語言的形式，但也是隱括於學說思想中，其雖無明確交代，卻並非沒有方法，大體言之，在中國傳統哲學中，方法論的問題是寄寓在其表意方式中，特別是圓融精神與圓教思想二時期。

二、老子《道德經》的表意方式

　　在先秦儒、道二家中，以道家的表意方式最為特殊，此當與其主要關懷有關，雖然它們都是應「周文疲弊」之機緣而發，但儒家致力於「以質救文」，道家則用心在「以質抗文」，〔註9〕其一方面對隳壞的禮樂採取強烈的批判；一方面開展出自然素樸的回歸之道，因之，「它的智慧、精采全在於批判、治療，而非積極地建構」，而其所批判的，乃是人心的陷溺、社會的失序、政治的紊亂、價值的迷執，歸結於一切的有為造作。而其所欲治療的，乃是如何為困頓、有限的生命尋繹出一條即有限而可無限的生命之道；如何為僵化、停滯的文化慧命重新注入源頭活水，乃至如何為迷執有為的人世探索出一個能夠讓天地萬物實現自己的形上原理或價值根源，使天、地、人、我間的互動能相生相續、永世和諧，〔註10〕由之而開展出「無為而無不為」的思想體系。

〔註 8〕「體相上的圓融」、「事相上的圓融」二觀念援自霍韜晦先生，參見氏著：《絕對與圓融》（臺北，東大，1986 年），頁 340～422。
〔註 9〕王師邦雄《老子的哲學》（臺北：東大，1980 年），頁 14～15。
〔註10〕參見袁保新：《老子哲學之詮釋與重建・序》，頁 4。

　　現實的關懷與價值的關懷照顯出充滿著玄思的《道德經》並非是「懸空發生的」，〔註11〕而其所以玄思洋溢，主要在於其特殊的表意方式，可分二方面析論，一為「超言意境」與「言意境」的二層區分，一為「正言若反」的詭辭為用。

（一）「超言意境」與「言意境」的二層區分

　　先秦諸子中，儒、道、名、墨對於言說的方式各有獨特的見解，〔註12〕但對於名言的運用，能深刻洞察到其限制性，進而冀以特殊的表意方式超越突破者，則首推道家的老、莊，其悲憫情懷顯發於關懷的課題中；而關懷課題又寄寓在哲學思想裡；然其哲學思想卻不得不藉著名言來表述，運用名言，而又不為名言所範限，這是其詭辭為用之表意方式的基本前提。

　　依老子之觀點，人心的陷溺、社會的失序、政治的紊亂、價值的迷執，皆肇因於作為天地萬物實現原理的「道」之失落，因之，「道」何以失落？又如何回歸？成為其哲學思想的究極問題，並由之而展開一系列根源性的探索。然而，「道是什麼？」他警覺到他沒有辦法明確表述「道」是什麼，因為當他試圖以名言去彰顯「道」在某一方面的義蘊時，其他更為豐富的可能性之義蘊也同時受到了遮蔽，此王師邦雄先生《老子的哲學》論之甚詳，〔註13〕袁保新先生亦云：

> 名言的本質在於「區分」（distinction），……名言的運用如果不能渾化其區分的排他性，必然會犧牲了無名之樸的全體大用。……有顯必有隱，當名言的區分作用彰顯了「道」在某一方面的義蘊時，它也同時遮蔽了「道」的其他豐富的可能性。〔註14〕

因之，想要以定限的名言來明確表述無限妙用的「道」是不可能的。

　　名言除了具有排他性外，亦具有著相對性，任何名言概念一提出，其對反的命題亦同時成立，「有無相生，難易相成，長短相較，高下相傾，音聲相和，前後相隨」（二章），而且在我們接受這套名言系統時，其背後所持有的

〔註11〕胡適先生云：「我述老子的哲學，先說他的政治學說，我意思是要人知道哲學思想不是懸空發生的」。《中國古代哲學史》卷一（臺北：商務，1947年，頁49）。

〔註12〕唐君毅：《中國哲學原論・導論篇》第七、八章（臺北：學生，1984年），頁203～278。

〔註13〕王師邦雄《老子的哲學》，頁75～94。

〔註14〕袁保新：《老子哲學之詮釋與重建》，頁175。

價值觀，也僅是眾多通孔中的期中一個，《道德經》云：

> 唯之與阿，相去幾何？善之與惡，相去若何？（二十章）

> 天下皆知美之為美，斯惡矣；皆知善之為善，斯不善矣。（二章）

如果我們不能照察到名言的規範性功能之拘限性，而再附著上「心知的定執」與「情識的糾結」，〔註15〕則將步步下墮，離「道」愈遠，所謂「失道而後德，失德而後仁，失仁而後義，失義而後禮，夫禮者，忠信之薄而亂之首也」（三十八章）。

　　因為名言的運用具有著定限性，故而我們非惟不可能藉之以窮盡「道」的無限妙用，倘若再加上心知情識的定執，反而更牽引著人心的有為造作，而愈趨遠離素樸自然的大道，是即所謂「為者敗之，執者失之」（六十四章），此方面亦揭顯出名言的危險性，老子一方面洞察到名言的諸種屬性，一方面亦對名言提出了批判，但其批判名言，並非是全盤否定名言的價值與功用，其主要意旨在於區隔道與名言的義理層界，其云：

> 道可道，非常道；名可名，非常名。（一章）

常道，不可道，不可名，因為它是形上的實現原理，是絕對義、無限義的最高真實，它非感官的對象，亦非言說概念的對象，因而它是獨立於名言之上，隱於「無名」（四十一章）之中，屬於「超言意境」，「在老子的義理系統中，『道』之隱於無名之中，與其說是『道』在本質上排斥名言，毋寧說是名言的區分作用，以及人心對名言的依賴執取，使得『名可名，非常名』」。〔註16〕

　　「言意境」與「超言意境」的兩層區分，一方面點出了名言的限制性，一方面亦昭顯了「道」的絕對性與離言性，就前者而言，依老子語言哲學的立場，主要在批判性地省察語言的規制性功能，而非否定一般語言報導事實的記述性功能，此袁保新先生闡述極為清楚，其云：

> 老子對名言的批判，並非像西方哲學一樣，是基於邏輯、認識論上的理由，從而質疑語言報導的記述性功能（function）；相反的，老子「道隱無名」的論旨，主要是站在價值關懷的立場。反省語言規制性的功能（regulative function）——「名教」——所可能形成的價值盲點與偏見。換言之，老子「道可道，非常道；名可名，非常名」的揭示，與其說是在表達一種語言的懷疑論，毋寧說是老子在充分洞見到語言

〔註15〕王師邦雄：《老子的哲學》，頁75～94。
〔註16〕袁保新：《老子哲學之詮釋與重建》，頁175。

與文明之間的關係後，所做的一項最深刻的文化批判。〔註17〕

就後者言之，「超言意境」透顯了「道」的超越性，超越於名言與一切經驗對象之上，那麼如何去理解「道」呢？亦且，「道」自身不也是一個「名言」，在老子的觀點，「道」之作為一個名言，並非是「定執性」的名言，而是「權假性」的，用王弼的語言說，它是一個「稱謂」，而非「名號」，〔註18〕亦即是因順其真實之妙用而權且如此稱謂之，《道德經》對「道」的描摹大抵如此，諸如：

> 視之不見名曰夷，聽之不聞名曰希，搏之不得名曰微，此三者不可致詰，故混而為一。其上不皦，其下不昧，繩繩不可名，復歸於無物，是謂無狀之狀，無物之象。是謂惚恍。迎之不見其首，隨之不見其後，執古之道，以御今之有，能知古始，是謂道紀。（十四章）

> 有物混成，先天地生，寂兮寥兮，獨立不改，周行而不殆，可以為天下母。吾不知其名，字之曰道，強為之名曰大，大曰逝，逝曰遠，遠曰反。（二十五章）

> 道之為物，惟恍惟惚，惚兮恍兮，其中有象；恍兮惚兮，其中有物。窈兮冥兮，其中有精；其精甚真，其中有信。自古及今，其名不去，以閱眾甫。吾何以知眾甫之狀哉？以此。（二十一章）

有時甚至以雙遣對破的方式來消解對「道」的定執，如「常無欲，可名於小；萬物歸焉而不為主，可名為大。」（三十四章）

除了以摹擬的方式描述「道」之外，有時亦以道之屬性烘托之，如：

> 道沖而用之或不盈，淵兮似萬物之宗。挫其銳，解其紛，和其光，
> 同其塵。湛兮似或存，吾不知誰之子，象帝之先。（四章）

經由「道」之主宰性、常存性、先在性、遍在性、獨立性、自然義，〔註19〕可約略揣摩「道」之義蘊，而較特殊的方式則是以「無名」、「不言」遮撥之：

> 道常無名，樸雖小，天下莫能臣也。侯王若能守之，萬物將自賓。（三

〔註17〕 同前註，頁3。

〔註18〕 《老子指略》云：「名也者，定彼者也；稱也者，從謂者也。名生乎彼，稱出乎我，故涉之乎無物而不由，則稱之曰道；求之乎無妙而不出，則謂之曰玄。妙出乎玄，眾由乎道。」樓宇烈：《王弼集校釋》（臺北：華正，1992 年），頁197。

〔註19〕 牟師宗三：《才性與玄理》第五章第二、三、四節（臺北：學生，1978 年），頁 139～155。

十二章）

是以聖人處無為之事，行不言之教，萬物作焉而不辭，生而不有，
為而不恃，功成而弗居。夫唯弗居，是以不去。（二章）

大方無隅，大器晚成，大音希聲，大象無形。道隱無名，夫唯道善
貸且成。（四十一章）

無有入無間，吾是以知無為之有益。不言之教，無為之益，天下希
及之。（四十三章）

知者不言，言者不知。塞其兑，閉其門，挫其鋭，解其紛，和其光，
同其塵，是謂玄同。故不可得而親，不可得而疏；不可得而利，不
可得而害；不可得而貴，不可得而賤，故為天下貴。（五十六章）

遮撥名言，超越名言，烘顯「道」超越地籠罩一切存在，且獨立於名言之上，
而對「道」的領會，必須從名言背後隱於「無名」之中的「不言之教」入手，
那是一個更為廣遠遼闊、豐富開放的意義領域。

（二）正言若反，詭辭為用

「超言意境」與「言意境」在義理層級上的區隔，揭示了名言的限制性
與道的離言性，亦即若冀圖以經驗的語言來説明絶對意義的最高真實是不可
能的，我們只能以烘托、摹擬這種「指點性語言」去領會，一如禪宗的《指
月錄》，對最高真實的究竟意義而言，公案、話頭、死句、活句等都只是一種
方便，有如指引方向的手指，而如果這種啓發性的言説方式尚且不能消解我
們對名言的定執，仍舊要追問「道到底是什麼」，老子最直截了當的回答是：
道是「無名」，是「不言之教」，是不「可道」。

此種以遮為詮的表意方式，老子稱之為「正言若反」（七十八章），這種
特殊的表意方式，在《道德經》中隨處可見，在形式上，其展示出下列數種
範型：道可道，非常道；天地不仁，聖人不仁；絶聖棄智，絶仁棄義；為無
為，事無事；光而不耀，直而不肆；曲則全，枉則直；善行無轍跡，善言無
瑕謫；將欲歙之，必固張之；明道若昧，進道若退；大音希聲，大象無形；
大巧若拙，大辯若訥；知者不言，言者不知；後其身而身先，外其身而身存；
天下皆知美之為美斯惡矣……等，「正言若反」之言説方式使用得如此頻繁，
大體上照顯了五方面的意涵：

1. 具絶對性與無限性的「道」既然不是言説與思惟的對象，則欲以名言

概念說明其眞實狀態，基本上是不相應的，因爲只要一落言詮，只會引起對其存在的對反認識，而把「道」範限在所使用的語言世界裡，成爲有限的、相對性的存在物，因之，只有超越言說，才能領會超言意境的「道」，而「正言若反」——一種否定的展示法，正是運用名言，而又不爲名言所範限的方法，亦即是，我們雖不能正面地表述「道是什麼」，卻可指出「可道之道」與「可名之名」皆不是「常道」，這種遮撥是一方面破斥，一方面展露另一層次的眞實，以遮爲詮，其用意亦是在逆顯形上層次的眞實，諸如「大方無隅，大器晚成，大音希聲，大象無形」（四十一章），而其所破斥、所遮的是名言層、經驗層，亦即「言意境」之層次；而其所展露的、所證的則是絕對眞實、形上眞實之「道」。

2. 依老子語言哲學的觀點，名言不僅具有定限性，甚且會牽引人偏離眞常素樸的大道，使人墮入有爲造作的昏亂爭執中，因之，其亦具有危險性，所以，其對名言的規範性功能，是採取批判的立場，而正言若反的否定性言說方式，「正是避免落入其所批判的『可道之道』的言說網絡中」，〔註20〕由之可見其在語言哲學上的主張，與其實際上的運用，在立場上是一貫的，比如：

> 知者不言，言者不知。（五十六章）

> 知不知，上；不知知，病。夫唯病病，是以不病。聖人不病，以其病病，是以不病。（七十一章）

> 信言不美，美言不信；善者不辯，辯者不善；知者不博，博者不知。（八十一章）

3. 「正言若反」所表述的並非「是什麼」的問題，而是「如何」的問題，亦即，其不從「實有層」上表述「道是什麼」，而是從「作用層」上詢問「如何以最好的方式體現道」，由之而把實有與作用二層合在一起說，兩層合而言之，且藉著作用層來透顯實有層，遂形構成「辯證的詭辭」（dialectical paradox），〔註21〕諸如：

> 善行無轍迹，善言無瑕謫，善數不用籌策，善閉無關楗而不可開，善結無繩約而不可解。（二十七章）

> 明道若昧，進道若退，夷道若纇，上德若谷，大白若辱，廣德若不

〔註20〕袁保新：《老子哲學之詮釋與重建》，頁 179。
〔註21〕牟師宗三：《中國哲學十九講》（臺北：學生，1983 年），頁 140。

> 足，建德若偷，質真若渝。大方無隅，大器晚成，大音希聲，大象
> 無形。（四十一章）
>
> 大成若缺，其用不弊；大盈若沖，其用不窮。大直若屈，大巧若拙，
> 大辯若訥。（四十五章）

以無轍跡的方式表現的才是「善行」，無瑕讁的「不言」或「反」言的方式表示的才是「善言」，亦即是：所謂「大成」，乃是成而無成之相，餘此類推：直而無直相，巧而無巧相，辯而無辯相……，形構成一寓含著「作用的保存」〔註22〕意涵之言説方式。

4.「正言若反」，詭辭為用，非惟不是一種原則上的肯定或否定，實際上，其所透顯的乃是一種超越的智慧，因之諸如「天地不仁」、「聖人不仁」，此「不」字並非否定之意，而是「超越」之義，〔註23〕《道德經》中之「辯證的詭辭」皆緊扣此種意涵而言：

> 絕聖棄智，民利百倍；絕仁棄義，民復孝慈；絕巧棄利，盜賊無有。
> （十九章）
>
> 上德不德，是以有德；下德不失德，是以無德。上德無為而無以為，
> 下德為之而有以為。上仁為之而無以為，上義為之而有以為。（三
> 十八章）

在老子的存有觀點中，聖智仁義乃是「道」與「德」失落後的作為，其之所以被提倡或受重視，正意謂著人已從「無為」、「自然」的層域中步步下墮，所謂「大道廢，有仁義；慧智出，有大偽；六親不和，有孝慈；國家昏亂，有忠臣」（十八章），在義理層級上，它們都是屬於有為造作那一層域，因之，唯有超越於聖智仁義，才能「反本」與「復守其母」，〔註24〕亦即才能回歸於自然無為的大道。

5.「正言若反」，詭辭為用，藉由否定的展示，消解名言所可能帶來的執著，乃至「超言意境」與「言意境」的二層區分，其究極意涵皆歸結於：作為實現自己、成就自己、展現無限妙用的形上原理之大道，其既非言説概念的對象，則經由思惟方式所得的都只是「可道、可名」者，因之，對最高真

〔註22〕同前註，頁134。
〔註23〕王師邦雄《老子的哲學》，頁16。
〔註24〕《道德經》五十二章云：「天下有始，以為天下母。既得其母，以知其子，既知其子，復守其母，沒身不殆。」《王弼集校釋》，頁139。

實的體會與了悟，都只有通過「實踐」的方式才能打通，故而說先秦道家的思想重點不在「是什麼」的問題上，而是在「如何」的問題上，其根本之義與首要之義乃是在於「如何體現」或「如何體道」上，因之，其用心並非在提供我們名言知識，而是在引領我們進入一個經由實踐之門所開啓的智慧之境，此徵之於《道德經》，亦可瞭然：

> 上士聞道，勤而行之；中士聞道，若存若亡；下士聞道，大笑之，不笑不足以為道。（四十一章）

> 多言數窮，不如守中。（五章）

> 修之於身，其德乃真；修之於家，其德乃餘；修之於鄉，其德乃長；修之於國，其德乃豐；修之於天下，其德乃普。（五十四章）

> 吾言甚易知，甚易行，天下莫能知，莫能行。言有宗，事有君。夫唯無知，是以不我知。知我者希，則我者貴，是以聖人被褐懷玉。
> （七十章）

正言若反的表意方式與道家的思想入路具有著義理上的關連性，其反省與批判者，乃是生命與文化「有為造作」那一面，亦即從負面入手，經由「去彼取此」〔註25〕之存在上的抉擇與實踐，蕩滌一切生命的負累和文化上的迷離失序，而此種否定的展示正透顯出消解的智慧。

老子「超言意境」與「言意境」的二層區分透顯出其對名言的批判性，而「正言若反」，詭辭為用的表意方式，正是要超克名言的定限性，乃至危險性，進而昭顯出以「致虛守靜」的實踐進路，證會以無為不爭、柔弱處下為內涵的實現原理之「道」，從語言哲學的觀點言之，好像老子輕視名言、輕視概念知識，因而西方學者甚且謂其為「語言的懷疑論」（Linguistic Skepticism），〔註26〕實則，《道德經》對名言知識並非採取「絕對否定論」的立場，〔註27〕亦即其並非完全否定名言知識，而是「價值重點不同」，牟師宗三先生云：

〔註25〕《道德經》十二章云：「五色令人目盲，五音令人耳聾，五味令人口爽，馳騁畋獵令人心發狂，難得之貨令人行妨。是以聖人為腹不為目，故去彼取此。」三十八章曰：「是以大丈夫處其厚，不居其薄；處其實，不居其華。故去彼取此。」都是經由反省生命、文化的有為造作之弊，去彼以取此，而反乎素樸無為。《王弼集校釋》，頁 28、93。

〔註26〕Chad Hansen: Linguistic Skeptitism in the Lao-Tzu, Philosophy East and West 31,（July 1981），p.321.

〔註27〕袁保新：《老子哲學之詮釋與重建》，頁 177。

這樣說來，好像道家輕視知識，其實並不是抹殺知識，而是價值重點不同。經驗知識的增加並無助於為道，那麼重點若在為道，則為學的態度是不相應的。一般人認為道家有反知的態度，譬如說莊子的〈齊物論〉反對相對範圍之內的知識，其實莊子是要超越相對以達到絕對，才衝破知識；目的是要上達，並不一定要否定知識。當然他也沒有正面仔細地把知識展現開來，所以是消極的態度，而容易令人產生誤會。其實嚴格講並不妨礙，但要知道這是二個不同的範圍。相對的知識也需要，且是可超越可轉化的，重點是在可轉化上。

何從看出老子並不否定現象界的知識呢？佛家講世間出世間打成一片，世間即出世間，只是重點在出世間，但也不能離開世間而出世間。道家也是如此，雖然這種詞語並不多，老子說：「挫其銳，解其紛，和其光，同其塵」（四章），可見也不離開現象界的知識，若不知為道的方向而完全陷溺於世俗的知識中，就妨礙為道，知道了就並不妨礙。〔註28〕

超越相對，契入絕對，最終達到超世間而在世間的圓融智識，這是儒、釋、道三家圓融精神時期的共同指標，只不過道家與佛教對名言採取較為強烈之批判，諸如「為道」與「為學」的方向區分，「勝義諦」與「世俗諦」的二重區別，但區分的目的不是在否定名言，而是欲超越名言，消解對名言知識的執著，它們也都深刻洞察到語言的限制性，因為只要落入言詮，便有著運用上的侷限，只能表述經驗層上相對性的真實，而不能把超越層的絕對真實表顯出來。因之，老子「為學日益，為道日損」，其所「損」者，除了生命的負累，有為造作之執著外，亦且涵括對名言所可能引起的定執性之消解，對主觀觀法之消解，故而，老子語言哲學所展現的乃是消解的智慧，而非建構的智慧。

老子「超言意境」與「言意境」的二層區分，其用意並非在建立兩層存有，而是借由此超越的區分，揭顯「言意境」的定限性格與經驗性格，和「超言意境」的絕對性格與離言性格。雖然，依《道德經》的存有觀點，此二層必須融貫為一，否則即會引起「為者敗之，執者失之」的弊病，在老子「無為而無不為」的圓融精神中，雖蘊含著一切經驗性格的事相若能依止於超越

〔註28〕年師宗三：《中國哲學十九講》，頁 124。

性格的無限妙用之「道」，則事即非事，其一方面「有」，一方面「無」，透顯出一種圓融的精神境界。但是，因爲老子對於有爲造作的弊病感受特別強烈，故而對一切禮文的存在，乃至相對性格的名言知識，都亟於以「無爲」的工夫去消解，遮撥名言層，朗現超越層，此雖得以免除主觀的定執，但也使得超言意層的「道」與言意層的語言形成兩套存在，亦即在絕對眞實之外，另有語言的範疇，而兩套存在之間並無通路。雖然，老子冀求借由「正言若反」、詭詞爲用的言說方式作隨機的指點，但這種以遮爲詮的表意方式，對於既非感官的對象，又非言說概念對象的「道」，只能是一種指點，畢竟語言與絕對眞實是兩個範疇。

因之，在老子《道德經》的表意方式中至少存在著下列兩個問題有待於超克與推進：一爲分解的表述法在思想形態上尙非究竟，如何由「分別說」而進於「非分別說」，這是《莊子》「謬悠之說，荒唐之言，無端崖之辭」的推進。另一爲「方便即眞實」，方便當下便有眞實的意義，意即最高的眞實不必廢言，人由權說，以至實說，皆可證見眞實，這並非兩種存在的問題，而只是省豁不省豁的問題，此則有待於「圓教語言」的超克。

三、王弼的執一御多與言意本末

先秦道家，無論是老子，亦或是莊子，其學說都是一種「揭然有所存，惻然有所感」，其或是就文化問題深切反省，或就生命存在感受憂患，基本上都是一種具體而眞切的實感，實感實證，發而爲言，其言亦是對應當下存在之機而作的啓發性指點，故其言說都是一種應機性的權說，而其學說思想亦充滿著實踐的旨趣。

魏晉人物則擅長持論，其在學術上卓然有成者，無論是析論才性同、才性異、才性合、才性離之「四本論」，〔註29〕亦或以《老》、《莊》、《易》三玄爲談辯之資的「玄理」，皆可以「名理」稱之，而名理者，並非今日所謂的「邏

〔註29〕《世說新語・文學第四》「鍾會撰四本論」條，劉孝標注引《魏志》曰：「會論才性同異，傳於世，四本者：言才性同，才性異，才性合，才性離也。尚書傅嘏論同：中書令李豐論異，侍郎鍾會論合，屯騎校尉王廣論離，文多不載。」余嘉錫先生箋疏復引《南齊書・王僧虔傳》所載僧虔戒子書云：「才性四本，聲無哀樂，皆言家口實，如客至之有設也。」推論清談之重四本論，殆如儒佛之經典。見余嘉錫：《世說新語箋疏》（臺北：仁愛，1984 年），頁195。

輯」或「論理學」之意，它的意涵應該是「理論」或「義理」，〔註 30〕更切當地說，它是一種見解透闢，析理深微，且談辯無礙的「談言」，《世說・文學篇》云：

> 何晏為吏部尚書，有位望，時談客盈座，王弼未弱冠，往見之。晏聞弼名，因條向者勝理語弼曰：「此理僕以為極，可得復難不？」弼便作難，一坐人便以為屈。於是，弼自為客主數番，皆一座所不及。

> 張憑舉孝廉出都，負其才氣，謂必參時彥，欲詣劉尹，鄉里及同舉者共笑之。張遂詣劉，劉洗濯料事，處之下座，唯通寒暑，神意不接。張欲發無端。頃之，長史諸賢來清言，客主有不通處，張乃遙於末座判之，言約旨遠，足暢彼我之懷，一坐皆驚，真長延之上坐，清言彌日，因留宿至晚。……〔註 31〕

「言約旨遠」，談言微中，乃至「自為客主數番」，以「勝理」屈人，是即魏晉人物所透顯之理智清光，王弼、向秀、郭象等即在此時代環境中發揮其玄遠高致之長才，其雖是註解《道德經》、《周易》、《莊子》，實則一方面鉤深致遠，抉發幽微，使經典古籍之義理粲然明晰；一方面以注為作，「自標新學」，〔註 32〕建構出道家的圓教思想體系。而其表意方式，已不再是先秦道家的隨機指點，應機權說，而是以本末不二為基本前提的「如理實說」，亦即在系統的形構上，理當如此說才是究竟，才是義理上的圓滿，此種如理實說的方式也可以說是王弼的方法論，大體可從二方面言之，一為「約以存博，簡以濟眾」的執一統眾，此為一與多的本末關係問題。一為意與象、象與言的本末關係問題，而二者最終皆達臻一本末不二、不即不離的辯論性融合。

（一）執一御多，一多相攝

會通儒道乃魏晉時代的重要課題之一，王弼援《老》入《易》的作法，儘管後代的評價甚為兩極，〔註 33〕但其有些見解非惟具有原創性，甚且可謂

〔註 30〕 牟師宗三：《才性與玄理》，頁 231～243。
〔註 31〕 余嘉錫：《世說新語箋疏》，頁 196、235～236。
〔註 32〕 《四庫全書總目》卷一載《周易正義》十卷，〈提要〉云：「王弼乘其極敝而攻之，遂能排棄漢儒，自標新學。」（臺北：商務文淵閣四庫影本，1986 年），冊一，頁 58。又顧炎武《日知錄》卷十三云：「正始之間，上承漢末淵源，下啟六朝流變。」頁 52。
〔註 33〕 孔穎達《周易正義・序》云：「魏世王輔嗣之注，獨冠古今。」（臺北：藝文十三經注疏本，1979 年），頁 1。又黃宗羲《象數論・序》，評輔嗣注云：「其

見識卓絕，例如陽爻若是處於陰位，《易傳》往往以之爲「失位」或「不當位」，王弼則認爲其具有「謙遜」或「拯弱」的美德。又如爻若是無應，《易傳》認爲這表示「不相與」、「無與」，即缺乏內在或外在的助力，而王弼卻詮解爲其表現了「無私」的德性。〔註34〕另外，其又以爲《彖辭》是「統論一卦之體，明其所由之主」，由之而形構成作爲「宗主」的主爻（中爻或獨爻）與他爻間的本末關係，其《周易略例·明彖》云：

> 夫彖者，何也？統論一卦之體，明其所由之主者也。夫衆不能治衆，治衆者，至寡者也；夫動不能制動，制天下之動者，貞夫一者也。故衆之所以得咸存，主必致一也；動之所以得咸運者，原必無二也。
>
> 物無妄然，必由其理。統之有宗，會之有元，故繁而不亂，衆而不惑。故六爻相錯，可舉一以明也；剛柔相乘，可立主以定也。是故雜物撰德，辯是與非，則非其中爻，莫之備矣！故自統而尋之，物雖衆，則知可以執一御也；由本以觀之，義雖博，則知可以一名舉也。故處璇璣以觀大運，則天地之動未足怪也；據會要以觀方來，則六合輻輳未足多也。故舉卦之名，義有主矣；觀其《彖辭》，則思過半矣！夫古今雖殊，軍國異容，中之為用，故未可遠也。品制萬變，宗主存焉；《彖》之所尚，斯為盛矣。
>
> 夫少者，多之所貴也；寡者，衆之所宗也。一卦五陽而一陰，則一陰為之主矣；五陰而一陽，則一陽為之主矣，夫陰之所求者陽也，陽之所求者陰也。陽苟一焉，五陰何得不同而歸之？陰苟隻焉，五陽何得不同而從之？故陰爻雖賤，而為一卦之主者，處其至少之地也。或有遺爻而舉二體者，卦體不由乎爻也。繁而不憂亂，變而不憂惑，約以存博，簡以濟衆，其唯《彖》乎！亂而不能惑，變而不

廓清之功，不可泯也。」黃宗炎亦評王弼曰：「一切掃除，暢以義理，天下之耳目煥然一新，聖道爲之復觀。」上二引文參見朱彝尊《經義考》卷十（臺北：中央研究院中國文史哲研究籌備處，1997 年），頁 196、197。

稅汝權評王弼曰：「惑世誣民，抑何甚哉！」見朱彝尊《經義考》卷十引，頁 193。又范甯認爲：「王弼、何晏，兩人之罪深於桀紂。」語見《晉書》卷七十五〈范甯傳〉（臺北：鼎文，1980 年），頁 1984。又黃宗炎云：「乃宋儒竟詆之，謂崇尚虛無，雜述異端曲說。」見《經義考》卷十引，頁 197。

〔註34〕戴師璉璋：〈王弼易學中的玄思〉，登載於中央研究院《中國文哲研究集刊》創刊號（臺北：中央研究院中國文哲研究所籌備處，1991 年），頁 213。

能渝，非天下之至賾，其孰能與於此乎！故觀《象》以斯，義可見矣。〔註35〕

主爻與其他五爻，是「一與多」的關係，而此「一」並非數目字的「一」，而是超越義、絕對義的「一」，故又稱爲「貞夫一」，其與他爻也非平面性的對當關係，而是此卦之「體」，此卦所由的「主」，其超越地籠罩其他五爻，與他爻不在同一層次，而眾爻之「所以得咸存」，其動靜變化之所以「得咸運」，都是依止於此超越義、絕對義之「體」，故此「貞夫一」乃眾爻形上的超越根據。

不易、變易、簡易等三易乃《周易》內蘊的豐富意涵，《繫辭傳》曰：「乾以易知，坤以簡能」、「《象》者言乎象者也，爻者言乎變者也」〔註36〕，王弼據此而進一步建構出其「象以明體，爻以示變」的本末立體性架構，以主爻超越地統攝眾爻，則眞可謂深得「易簡而天下之理得矣」（《繫辭傳》）之妙旨者也。

統之有宗，會之有元，約可存博，簡以濟眾，終至執一御眾，這是王弼以本統末的方法論，非僅「六爻相錯，可舉一以明；剛柔相乘，可立主以定」，乃至「品物萬變」的現象世界，亦可自統而尋之，由本以觀之，如此則物類雖眾多，而皆可以執一以御之，而此可以執之、舉之的「一」或「宗主」，乃是使物得以實現其存在之「本體」。本體之稱，在今日乃一合義性複詞之通稱，在輔嗣之義理系統中，則隨其不同所在，而有殊稱，或言之爲「無」，或稱之爲「體」，或謂之爲「道」，或字之爲「本」、爲「母」、爲「一」、爲「極」、「宗極」、「太極」、「宗」、「主」……等，異言殊稱，其究極意涵皆相互蘊攝。

執一御多，舉本統末，雖透顯出本體超越地籠罩現象，但它只顯單向性的涵攝關係，尚不能盡王弼本末如一，一多相攝的全蘊，其全幅義蘊之展現在於舉道而不遺物，道即在物中；言無必不離有，無因於有；舉一而不捨多，一多不離；執本而不棄末，本即於末。故其《大衍義》曰：

演天地之數，所賴者五十也。其用四十有九，則其一不用也。不用而用以之通，非數而數以之成，斯易之太極也。四十有九，數之極也。夫無不可以無明，必因於有，故常於有物之極，而必明其所由之宗也。〔註37〕

「常有於物之極，明其所由之宗」，舉本統末，執一御多，「全用在體，體即

〔註35〕樓宇烈：《王弼集校釋》，頁 591～592。
〔註36〕同前註，頁 536、538。
〔註37〕同前註，頁 547～548。

是用」；而「無不可以無明，必因於有」，即有見無，即多顯一，「全體在用，用即是體」，交會成一互向性的圓融系統，本不離末，末不失本，本末不即不離，一多相涵相攝，這是王弼「如理實說」所顯的圓唱。

（二）言意本末，不即不離

言意之辨也是魏晉時代的重要論題，《世說新語・文學篇》言王導過江，止標三理，而「言盡意論」居於其一，足見迄於東晉，此論題仍為清談家所重視，甚且在魏晉玄學中，它不僅是清談的論題，更是「把握真理之方法論上的問題」。〔註38〕〔註34〕

魏晉言意之辯，約可歸納為三種論點：

一為「言盡意論」：晉歐陽建持此論點，《藝文類聚》卷十九載錄其文：

> 有雷同君子問於違眾先生曰：世之論者，以為言不盡意，由來尚矣。至乎通才達識，咸以為然。若夫蔣公（濟）之論眸子，鍾（會）、傅（嘏）之言才性，莫不引此為談證，而先生以為不然，何哉？先生曰：夫天不言，而四時行焉；聖人不言，而鑒識存焉。形不待名，而方圓已著；色不俟稱，而黑白以彰。然則名之於物，無施者也；言之於理，無為者也。而古今務於正名，聖賢不能去言，其故何也？誠以理得於心，非言不暢；物定於彼，非言不辯。言不暢志，則無以相接；名不辨物，則鑒識不顯。鑒識顯而名品殊；言稱接而情志暢。原其所以，本其所由，非物有自然之名，理有必定之稱也。欲辯其實，則殊其名；欲宣其志，則立其稱。名逐物而遷，言因理而變。此猶聲發響應，形存影附，不得相與為二。苟其不二，則無不盡，吾故以為盡矣。〔註39〕

此文大抵依於循名責實之觀點來處理名與物、言與理之間的問題，就前者而言，也許可以求得「物定於彼，非名不辨」的名實相應，而言與理之間若欲尋求一個指實符應的對當關係，則恐先得界定其為何種名言，何種之理，若是屬於「鑒識顯而名品殊，言稱接而情志暢」者，則非惟得不出「言盡意」之結論，甚且應當是「言不盡意」的範疇，袁行霈先生針對該文綜理出四個方面的問題：類比不當、缺乏論證、結論與論證相反、文不對題等，〔註40〕

〔註38〕牟師宗三：《才性與玄理》，頁244。
〔註39〕〔唐〕歐陽詢：《藝文類聚》（上海：上海古籍，1999年），頁348。
〔註40〕袁行霈：《魏晉玄學中的言意之辯與中國古代文藝理論》，收入《魏晉思想》

又因其以駢偶行文，愈加使語意模糊，難以確切理解，恐亦是問題之一，大抵言之，此文一如裴頠的〈崇有論〉，〔註41〕僅代表著一個不同的論點，而較缺乏哲理上的論思。

二為「言不盡意論」，此一論點實甚源遠流長，自《道德經》云：「道可道，非常道；名可名，非常名。」〔註42〕孟子亦曰：「故說詩者，不以文害辭，不以辭害志；以意逆志，是為得之。」〔註43〕《周易・繫辭傳》亦言：「書不盡言，言不盡意。」〔註44〕《莊子》也說：「可以言論者，物之粗也；可以意致者，物之精也；言之所不能盡，意之所不能察致者，不期精粗焉」、「世之所貴道者書也，語有貴也，語之所貴者意也，意有所隨，意之所隨者，不可以言傳也。」〔註45〕魏晉時期，持此論點的人甚多，如蔣濟、鍾會、傅嘏等，其具體論述已不得而知，唯有荀粲留下的一段言論可為代表：

> 粲字奉倩。粲諸兄並以儒術論議，而粲獨好言道，常以為子貢稱夫子之言性與天道，不可得而聞，然則六籍雖存，固聖人之糠秕。粲兄俣難曰：「《易》亦云聖人立象以盡意，繫辭焉以盡言，則微言胡為不可得而聞見哉？」粲答曰：「蓋理之微者，非物象之所舉也。今稱立象以盡意，此非通於意外者也；繫辭焉以盡言，此非言乎繫表者也；斯則象外之意、繫表之言，固蘊而不出矣。」及當時能言者不能屈也。〔註46〕

語言文字乃是人與人在從事溝通時所運用的工具，而溝通的成功與否實牽涉到言說者的表達能力與聽受者的領受能力，就前者而言，其或有辭不達意的情況；而在聽受者的一方，則時而有似懂非懂，甚而「我不了解你的意思」的窘況，故而言辭能否達意，是言意關係涉及的第一個問題，這個問題屬於主觀性層面，較易於克服，因為那只是語言文字運用的精確度與嫻熟度的問題而已。

其次，言說是一種開顯，但在開顯的當下，它同時也遮掉了言說以外的

甲編五種。（臺北：里仁，1995年），頁7～8。

〔註41〕裴頠〈崇有論〉之理論限定，可參見拙著《魏晉儒道會通思想之研究》第三章第二節。

〔註42〕樓宇烈：《王弼集校釋》，頁1。

〔註43〕朱熹：《四書章句集註》，頁306。

〔註44〕樓宇烈：《王弼集校釋》，頁554。

〔註45〕郭慶藩：《莊子集釋》，頁572、488。

〔註46〕《三國志・魏書》卷十〈荀彧傳〉注引何劭《荀粲傳》，頁319～320。

那廣遠遼闊的意義領域，是之為即開顯即遮蔽，亦即是一落言詮，便倏爾侷限在言詮的定相中，而阻隔了其他的各種可能性。亦且在主觀性層面，人心的認知辨識能力易於順此定相去執取，由之而產生成心的定執，成為人的自我封限，道家以遮為詮的表意方式，與致力於消解心知的定執，顯示出其已意會到這也是言意所關涉的問題。

復次，儒、釋、道之學乃是一種生命的學問，皆源自於存在的憂患，其關懷的是：自我生命由原始的和諧，經過現實塵世的薰染後，如何經由修證，體現出再度的和諧，且此生命和諧之境，又如何擴及於天、地、人、物之中，使天、地、人、物都能在此和諧關係中得到價值上的安立，這是一條自成成他，雖有限而可無限的生命之道，人在下學上達中，體證絕對理境，此絕對理境是一種具體而真實的生命呈現，故而亦是一種絕對真實；而既稱絕對，顯示它非言說所能表述，只能藉由語言文字，隨機指點，一如禪宗的指月，若把此啟發性、指點性的語言執實，則有如執指為月，其既失指，且又失月。荀粲「象外之意」、「繫表之言」乃即此而發，意指此超於言說的絕對，只有超越言詮，才能契入此等理境。

末次，超越言說，契入絕對，一方面顯示對語言限制性的洞轍，一方面亦昭顯出存在的學問所開啟是實踐之門，而非言說或概念活動之門；絕對真實只有經由實踐才能契會，透過實證，真實地顯發於生命中，此實踐之門，使絕對精神、絕對理境不只是一個系統中所預設的基本前提而已，只要人一念自覺，當下警策，即可豁顯主體、甦醒自性，當下於自家生命中具體呈現，王弼「聖人體無，老子是有」即是依於此具體實踐的判準而作的判教。

「言不盡意」的論點即是在此文化統緒中源遠流長地傳衍著，「世之論者以為言不盡意，由來尚矣，至乎通才達識，咸以為然」，立言垂教，應機指點，目的是在存養與實踐，故而運用言說，藉著言說指點，打通實踐之門，而又不為言說所窒限，是為應機性權說對言說所抱持的態度。

至如《莊子》，因為對心知的定執感受較為強烈，為了消解成心的執取所引起的封限，故而以言說為「糟粕」，荀粲承其餘緒，亦以經籍為「聖人之糠秕」，言說既淪為「糟粕」、「糠秕」，則意謂著其可有可無，其指點性的功能漸不受重視，至此，人所著力的是超乎言說的「象外之意」、「繫表之言」，以可說為粗、不可說為妙，重「意」輕「言」，偏於一隅，語言遂被摒出於絕對真實之外，即在絕對真實之外，另有語言的範疇，而此兩範疇是有隔的，因

此，言不盡意論雖透顯言說的啓發性功能，但當其漸次重「意」輕「言」時，言說的工具性性格亦漸失落，終使言意關係偏於一端，而不能得一「同體依即」的本末關係。

言意之辨的第三個論點，是王弼、向秀、郭象所持的論點，這個不能把它歸爲「言盡意論」，也不能將之說成「言不盡意論」，但它同時有「言可盡意」，但須「得意忘言」的主張，「盡而不盡，不盡而盡」，或可當之，向、郭之主張於下節討論，此處先討論王弼之論點，其《周易略例·明象篇》云：

> 夫象者，出意者也。言者，明象者也。盡意莫若象，盡象莫若言。言生於象，故可尋言以觀象；象生於意，故可尋象以觀意。意以象盡，象以言著。故言者所以明象，得象而忘言；象者，所以存意，得意而忘象。猶蹄者所以在兔，得兔而忘蹄；筌者所以在魚，得魚而忘筌也。然則，言者，象之蹄也；象者，意之筌也。是故，存言者，非得象者也；存象者，非得意者也。象生於意而存象焉，則所存者乃非其象也；言生於象而存言焉，則所存者乃非其言也。然則，忘象者，乃得意者也；忘言者，乃得象者也。得意在忘象，得象在忘言。故立象以盡意，而象可忘也；重畫以盡情，而畫可忘也。是故觸類可以爲其象，合義可爲其徵。義苟在健，何以馬乎？類苟在順，何必牛乎？爻苟合順，何必坤乃爲牛？義苟應健，何必乾乃爲馬？而或者定馬於乾，案文責卦，有馬無乾，則僞說滋漫，難可紀矣。互體不足，遂及卦變；變又不足，推致五行。一失其原，巧愈彌甚。從復或值，而義無所取。蓋存象忘意之由也。忘象以求其意，義斯見矣。〔註47〕

王弼的論點乃是將《周易·繫辭傳》：「聖人立象以盡意，設卦以盡情僞，繫辭焉以盡其言。」與《莊子·外物篇》：「筌者所以在魚，得魚而忘筌；蹄者所以在兔，得兔而忘蹄；言者所以在意，得意而忘言。」作一個辯證性的綜合，且因著《周易》中言、象、意三者形構成一個二重不即不離的本末關係，依《繫辭傳》而言「盡」，依《莊子》而言「不盡」，二者辯證性綜合後成爲一「盡而不盡，不盡而盡」的言意關係。

就「盡」的層次言之，因爲「象生於意」，〔註48〕故「意以象盡」、「盡意

〔註47〕 樓宇烈：《王弼集校釋》，頁609。

〔註48〕 《周易·乾·文言傳》王弼注曰：「夫易者，象也。象之所生，生於義也。有

莫若象」，因而可以「尋象以觀意」；因為言生於象，故「象以言著」、「盡象莫若言」，因而可以「尋言以觀象」。唯其能「盡」，故而方便當下才有眞實的意義，最高的眞實不必廢言，人由權說，乃至實說，皆可證入眞實，言說與眞實並不是隔絕的兩個範疇。

就「不盡」的層次言之，「言者所以明象，象者所以存意」，言對於象，象對於意，都仍只是工具性格，只具有啓發指點的功能，此可分兩重言之，就第一重而言，意是本，象是末；就第二重而言，象是本，言是末，〔註 49〕藉末明本，猶蹄者所以在兔，筌者所以在魚，「言者，象之蹄也；象言，意之筌也」。而本既已明，則宜得魚忘筌，得兔忘蹄；得象忘言，得意忘象，若果不忘，則將生執著，反致得而復失，「得言者，非得象者也；存象者，非得意者也」，「存」表示著「不忘」，也意謂著「執末」，不忘則不能反本，執末則將「失本」，不能反於「無之以為用」〔註 50〕之本，則將衍生心知的定執，故藉末明本，本明便須忘末，因之，「得意在忘象，得象在忘言」，「得而後當忘，忘而後可以眞得」，形成一個辯證性的綜合歷程，戴師璉璋先生於此方面有精闢的見解：

> 所謂「忘言」、「忘象」，當然不是摒棄言與象而根本不用的意思，而是在「尋言」、「尋象」而有所得之後，超越這言與象，化除對於言與象的執著。必須有這步超越、化除的工夫，所得的象與意才能保存得住，才不至於變質，才不至於得而復失。〔註 51〕

言與象，象與意，不即不離，「盡」言其不離，「不盡」言其不即，盡而不盡，不盡而盡，同體依即，二而一，一而二，其「二」之可分，是概念上可分，就存在而言，則言、象、意三者是「一」，其二是說教的範疇，也是啓發指點的範疇，而其一才是存有的範疇，它只是省豁不省豁的問題，而不是兩個存在的問題。

盡而不盡，不盡而盡，入於言說之內，出乎言說之外，方便即是眞實，

斯義，然後明之以其物，故以龍敍乾，以馬明坤，隨其事義而取象焉。」同前註，頁 215。
〔註 49〕戴師璉璋：〈王弼易學中的玄思〉，中研院《中國文哲研究集刊》創刊號，頁 222。
〔註 50〕《道德經》第十一章云：「有之以為利，無之以為用。」樓宇烈：《王弼集校釋》，頁 27。
〔註 51〕戴師璉璋：〈王弼易學中的玄思〉，中研院《中國文哲研究集刊》創刊號，頁 223。

語言的存在可以推原到「如實觀」，〔註52〕而作用則在於教化，如此，已非方便權說之「離文字而說解脫」，而是「不離文字說解脫」的「圓實說」，〔註53〕言、象、意不即不離，本末不二，《思益經》的說法亦可與之相映成趣：「菩提之中無文字，文字之中亦無菩提；離菩提無文字，離文字無菩提。」〔註54〕

四、結　語

魏晉玄學的主要課題在會通儒、道，但儒、道二家本是兩個截然不同的學說體系，各有其思想入路、實踐工夫、與絕對理境，如何才可能加以會通呢？如果只是平面性地以移花接木的手法加以綜合，則將粗糙扞格，難有高論，魏晉玄學家們憑藉其「幼而察惠，少有才理」的雋才，妙析奇致，思理幽微，自王弼開始，即抉發出一個兩層式的義理架構，他的一些重要概念，諸如「體」、「用」，「本」、「末」，「母」、「子」，「一」、「多」，「靜」、「動」，「常」、「變」，「性」、「情」等，皆舖展在此立體式的結構中而形構成一個以「體用如一，本末不二」為核心的理論體系，本體層和作用層的兩層區分，至此已然確立，而其區分，只是概念分解上的區分，細究其實，二層是一個辯證性的圓合關係，本末有無，不即不離。體用二層由區分到辯證性的綜合，使儒道二家的會通成為可能，甚且，不僅僅是可能，其在理論結構上實構作得非常嚴謹周密，魏晉人物理智的精光由其清辭遒旨即可顯見。

以體用二層會通儒道，可以王弼的話為代表，他說：「聖人體無，老子是有。」這是他對孔、老所作的判教，但也揭示了儒、道的會通，是在此體用的義理間架中完成，此中涉及了「體」與「用」的問題，也涵蓋了言說與實踐的問題，老子以其觀照的智慧開展了「無」的玄妙義諦，孔子則以其德性慧命「體現」了無的絕對理境。王弼、向秀、郭象的玄學體系即在此「道體儒用」的義理間架中締構完成。

或謂魏晉玄學「陽尊儒聖，陰崇老莊」，此種評論雖亦有其的當之處，但若從形構系統的觀點言之，則恐非相應，因為魏晉玄學家是假會通儒、道之機緣，其真正的意圖是要開展自己嶄新的哲學思想體系，若借向、郭「寄言

〔註52〕 依佛教圓教思想的語言觀點：語言雖是方便施設，仍可接通真實，語言與真實並非兩種存在，參見霍韜晦：《絕對與圓融》，頁 377～383。拙意以為王弼「盡意莫若象，盡象莫若言」的語言觀點近於此。

〔註53〕 牟師宗三：《佛性與般若》（臺北：學生，1984 年），頁 599～600。

〔註54〕 智顗：《維摩經玄疏》卷第三，《大正藏》第三八冊，頁 534 下引。

出意」的話語言之，其乃是寄托《老》、《莊》、《易》三玄的舊言，而抉發出「體用如一，本末不二」創新性思想。

　　從先秦道家到魏晉玄學，在思想形態上，乃是從「圓融精神」發展爲「圓教思想」，圓融精神時期的表意方式是「應機權說」，在學說意趣上顯實踐向度，而圓教思想時期的表意方式是「如理實說」、「圓實說」，在思想意趣上則顯理論向度，此已如前述，而在先秦道家的應機權說中，從老子《道德經》到《莊子》，從概念的分解到辯證的融化，在表意方式上其自身也不斷地在發展著。魏晉玄學的如理實說時期亦然，從王弼的執一御眾，一多相攝、言意本末，不即不離，到向郭的「寄言出意」，詭譎依即，其自身也是在發展衍進著。而兩階段發展的步調亦且呈現著相符應的情形，此因《道德經》與《周易》皆屬分別說，王弼順其分解的路數，建構出「崇本舉末」的思想體系，雖其究極的義涵是全體在用，用即是體，全用在體，體即是用，體用如一，本末不二，但大體上走的仍是分解的路數。而以非分別說的方式雙遣對破，互奪兩亡；再雙遮雙取，辯證地消融，這本是《莊子》在表意方式上的獨特處，向、郭的注即在此獨特的基礎上，再進一步將「隨機方便說」轉化爲「如理究竟說」，故而魏晉玄學所開展的道家圓教思想，在圓實說的表意上作最後眞正完成的是向、郭的《莊子注》，而此步完成是結穴於詭譎依即義的「圓教語言」。

附錄二：踐仁成聖與迹本圓融
——儒家聖人人格之雙重義蘊

摘　要

　　儒家自先秦孔孟開始，其學說旨趣皆緊扣著德性實踐而開展，經由正視生命的問題、引發人生的理想、感受存在的憂患、道德主體的自覺、克己復禮的實踐、內聖外王的完成等工夫的層層昇進，逐步地超越轉化，完善自我的生命，開啓一個人雖有限，而可無限的實踐坦途，「踐仁成聖」，奠定了儒家成德之教的義理規模，也建立了聖人實體義圓境的眞實內涵。

　　魏晉玄學的主要課題是儒道會通，由之而建構了道體儒用的玄學體系，其理想人格亦稱「聖人」，然而聖人的內涵卻有了嶄新的意蘊，「聖人體無而有情」是王弼詮釋「聖人理當如此圓滿」的圓境展示，他並以此圓境爲判準，判定孔子才是「體道」的聖人，老子則僅是「言無」，而未臻「體無」。其後向郭註《莊》亦盛闡此義，迹本（冥）圓融豁顯了聖人境界義圓境的一面。

　　在先秦時期的儒門義理中，實體義的體用境圓境已有充實飽滿的顯發，境界義的體用圓境則隱含於聖人「大而化之」的境界上。在魏晉玄理中，才正面昭顯儒聖「應物而不累於物」的境界圓境。就儒學的本義而言，實體義圓境乃是其學說體系的精華處，也是精義所在，因爲本於仁心實體所開展的德性實踐與聖王德業，才有剛健弘實的本源，因此，實體義與境界義對於儒聖而言，非惟是顯隱之分，亦有主從之別，但若僅彰顯儒聖實體義的圓境，忽略了境界義之圓境，則亦終究不能盡其全貌。故對儒家而言，沖虛玄妙之化境雖未能全盡聖人仁心實理的精義，卻能豁顯儒聖本然含有的「毋意、毋必、毋固、毋我」與無造無執的一面，使聖人不再被誤解爲終日不苟言笑、道貌岸然之「無情」之人，而是能應物興感、有樂有哀之「用有」者，只是聖人能「體無」，故雖有情，卻不滯陷於情。故總合先秦儒學「踐仁成聖」與魏晉玄學「跡本圓融」，才能彰顯儒家「聖人」之全幅意蘊。

一、前　言

　　中西哲學各有其進路，亦各顯其特質，此已為一般性之共識，而由於著重層面不同，故在思維形態、體系之論理性，乃至表意方式上都有著極大的差異。大抵言之，西方哲學家在所構作的哲學體系中，都具有其絕對意義的思維形態，且以一種論理貫穿整個體系，甚而其哲學詞彙也是獨特的。而中國哲學，在先秦時期因為實踐向度重於知識向度，學說體系雖亦有一貫性，但大多以啟發性語言表述，故義理系統每有待於後人的融貫整理。

　　先秦之後，因受孔子「述而不作，信而好古」〔註1〕的影響，中國哲人大都寓「作」於「注」，藉著古籍的註解作創造性的詮釋，他們雖然依自己的理解來建造系統，在問題的表達上也自創概念，亦使用自己的語言來構成宗極，但因舊瓶裝新酒，新舊之間的釐析，每每須要後人於注文中披尋蒐討，因而不似西哲在概念上具有清楚而分明、在系統上具有明確而清晰的特性。這種現象往往導致哲學的歧義性，面對一個哲學詞彙，須明確指出其屬某位哲人或某家學說，扣緊其義理思想，方能理解該概念的真正意涵。諸如孟、荀說「性」，一指超驗義的道德本心，一指與經驗之自然同質同層的情欲，二義背後皆有一套完整的思想體系為其撐架，故要認知「性」之意涵，則須先辨明是孟子的道德理性、抑或是荀子的情欲感性、乃至是魏晉從才情、個性、氣質而言的「才性」，進而再就其系統梳理之。又如「中庸」與「中和」二概念，四書之《中庸》是以人得之於天命的道德主體性，顯發其用於人倫日用之中來說解「中庸」與「中和」，〔註2〕屬德性範疇。而劉劭《人物志》則以「中庸」、「中和」意指無味無名，卻能兼含眾味眾材的兼才之人，屬才性範疇。〔註3〕

　　「聖人」一義亦是如此，就其形式意義而言，它表述著一個理想人格的

〔註1〕　《論語・述而》：「子曰：述而不作，信而好古，竊比於我老彭。」朱熹：《四書章句集註》（臺北：鵝湖，1984年），頁93。

〔註2〕　《中庸》第一章曰：「喜怒哀樂之未發謂之中，發而皆中節謂之和。中也者，天下之大本也；和也者，天下之達道也。」另第十三章云：「庸德之行，庸言之謹。」同前註，頁18。

〔註3〕　劉劭：《人物志・九徵第一》：「凡人之質量，中和最貴矣。中和之質，必平淡無味，故能調成五材，變化應節。」又《人物志・體別第二》：「夫中庸之德，其質無名，故鹹而不鹻，淡而不饋，質而不縵，文而不繢，能威能懷，能辨能訥，變化無方，以達為節。」王曉毅：《知人者智──〈人物志〉解讀》（北京：中華，2008年），頁65、79。

典型；但此理境的內容意涵究指謂道德人格的充實飽滿，或是生命境界的沖虛渾化，抑或是以聰明才智為判準的才性人格，則可謂家數不同，其義亦殊。以此三者為例，儒家在於經由不安、不忍的點醒，引發道德主體的自覺；道家則以虛靜無為，解消生命的負累與桎梏；「教」異「宗」殊，則其理想人格的意涵亦自不同。儒家在揭示「人人可以為堯舜」的宗旨中，已隱含堯舜是實踐上的極致楷模，又推尊孔子等前哲為聖人，更加明示其為體極踐宗的人格典型，而其人格內蘊亦甚為明確，所謂「學而不厭，誨人不倦」之「仁智雙彰」，〔註4〕與夫「金聲玉振、終始條理」〔註5〕的人格一貫，此種仁、智、聖合一的人格典型，儒家具有一貫性之肯認：「先聖後聖，其揆一也」。〔註6〕

在道家中；老子亦屢次對「聖人」的境界內涵有所描述，如言：

> 聖人處無為之事，行不言之教，萬物作焉而不辭，生而不有，為而不恃，功成而弗居。

> 方而不割，廉而不害，直而不肆，光而不耀。

> 我無為而民自化，我好靜而民自正，我無事而民自富，我無欲而民自樸。聖人無常心，以百姓心為心。〔註7〕

經由此等描述，亦可顯見出道家的理想人格典型。《人物志》則從聰明才智來界定聖人：

> 夫聖賢之所美，莫美乎聰明。

> 是故鈞材而好學，明者為師；比力而爭，智者為雄；等德而齊，達者稱聖。聖之為稱，明智之極明也。是以觀其聰明，而所達之材可知也。

> 是故聰明秀出謂之英，膽力過人謂之雄，……故英、雄異名，然皆偏至之材，人臣之任也。……故一人之身兼有英、雄，乃能役英與雄；能役英與雄，故能成大業也。〔註8〕

〔註4〕《孟子・公孫丑上》子貢曰：「學不厭，智也；教不倦，仁也。仁且智，夫子既聖矣！」《四書章句集註》，頁233。

〔註5〕《孟子・萬章下》孟子曰：「集大成也者，金聲而玉振之也。金聲也者，始條理也；玉振之也者，終條理也。始條理者，智之事也；終條理者，聖之事也。」同前註，頁315。

〔註6〕《孟子・離婁下》，同前註，頁289。

〔註7〕四段文字分別見於《老子》第二、五十八、五十七、四十九章。樓宇烈：《王弼集校釋》（臺北：華正，1992年），頁6～7、152～153、150、129。

〔註8〕此三則引文分別見於劉劭：《人物志》之〈序〉、〈八觀第九〉、〈英雄第八〉，王曉毅：《知人者智——〈人物志〉解讀》，頁60、161、137～141。

此三者雖皆以「聖人」為稱，但或因工夫進路的不同，或因範疇層次的殊異，致「聖人」之意涵迥然有別。

儒、道二家之「聖人」義蘊，一顯「踐仁成聖」的實體義，一顯「無心成化」的境界義。在以「儒道會通」為主要課題的魏晉玄學中，二義交融參合，而衍生成「道體儒用」的「聖人」新義。玄學化的聖人豁顯了儒家聖人隱含的境界義，也昭顯了由道家的聖人境界可以進一步發揮的積極義。

在魏晉玄學中，王弼認為體極踐宗的「聖人」，並非老子，而是栖栖惶惶的孔子，老子只停留在言說概念的層次，孔子則臻乎「體無」的化境。向秀、郭象的《莊子注》亦認為：莊子只是「知本」，真正能「遊外以弘內，無心而順有」，達到「內聖外王」之道的聖人是孔子、堯等人。

本文寫作旨趣，即在於闡述先秦孔孟儒學中所本有的踐仁成聖之「聖人」實體性意涵；而魏晉玄學，雖「義理崇老莊」，但其「人品宗儒聖」的圓境展示，實亦有其論理上的圓融性與完整性，體極踐宗的聖人是孔子，雖此「宗」、「極」是無執無為的「無」與「道」，但此層闡發非惟不悖離儒聖原有的意義──孔子等人理當有此理境，亦且在儒家本有的「實體義體用」外，再抉發其「境界義體用」之另一面，一經一緯；而統合此兩個層域之體用義以觀之，則更能盡「聖人」之全幅意蘊，且得儒聖之實。在文本的取材上，前者以《論》、《孟》為主，後者則以王弼與向、郭之義理系統為依歸。論述上則兼採近人之論點。

二、聖人的實體義圓境

儒、釋、道為中國文化的主流，而儒家可謂主流中的主流，它開啟了道德主體的自覺，昭顯了人之所以為人的內在本質，挺立了人性的道德尊嚴，拓展了人雖有限而可無限的康莊坦途，透顯了「無差別性之普遍人間的理念」〔註9〕，如以宗教術語譬之，它的「天國」營造於「人間」，它的「極樂」證成於「此岸」，它是「道成肉身」的實踐哲學。在中國文化的共命慧中長期孕育，再歷經先秦諸儒的實踐，真切以知之、篤實以行之，終開展出儒學「尊德性而道問學，致廣大而盡精微，極高明而道中庸」〔註10〕之徹上徹下的圓融體系。

〔註 9〕 參見蔡師仁厚：《孔孟荀哲學‧孔子對文化的貢獻》（臺北：學生，1984），頁41。
〔註10〕 《中庸》第二十七章，《四書章句集註》，頁35。

　　而首先揭櫫此一人人可以「踐仁成聖」的義理宏規，益以具體真實的生命實踐，朗現終極理境，而垂範後世者，即是孔子。《論語》中師生間親切的對話，昭示著：當一個人一念警策，乾乾惕勵，自覺到其自主而本有的內在道主體性時，就會由衷地流露出如下的讚嘆：

> 宰我曰：「以予觀於夫子，賢於堯舜遠矣。」
>
> 子貢曰：「見其禮而知其政，聞其樂而知其德，由百世之後，等百世之王，莫之能違也。自生民以來，未有夫子也。」
>
> 有若曰：「豈惟民哉？麒麟之於走獸，鳳凰之於飛鳥，太山之於丘垤，河海之於行潦，類也；聖人之於民，亦類也。出於其類，拔乎其萃，自生民以來，未有盛於孔子也。」〔註11〕

堯舜為聖王，功用施於當世；孔子明聖道，德範垂於後代；儒家稱聖人，包含堯舜及孔子等人格典型，而以孔子開啟德性主體之自覺，己立立人、垂教多方，故有「賢於堯舜」之讚譽。

　　本節以《論語》、《孟子》為核心，探討儒家承體起用、即用見體之實體義「聖人」義蘊，闡明此實體實理的體用圓境，才能見出儒聖所特有的日進弘實與剛健昭明。茲分二部分討論，一論其踐仁成聖，一論其內聖外王。

（一）踐仁成聖

　　儒家自先秦孔孟開始，其學說旨趣皆緊扣著德性實踐而開展，經由正視生命的問題，引發人生的理想，感受存在的憂患，道德主體的自覺，克己復禮的實踐，內聖外王的完成等工夫的層層昇進，逐步地超越轉化，完善自我的生命，故其所昭示的學問是為「生命的學問」，亦可稱之為「成德之教」。

　　儒家道德實踐緣起於對生命存在的重視，個體生命雖是個有限性的存在，然經由道德實踐，有限之生命即可開展出無限的價值，自孔、孟開始，即以其人格德範揭示了此一德性實踐的坦途。在《論語》中，諸如「君子上達，小人下達」（〈憲問〉）、「君子喻於義，小人喻於利」（〈憲問〉）、「君子成人之美，不成人之惡，小人反是。」（〈顏淵〉）等皆提醒了生命的兩個方向：或逆覺體證；或隨俗浮沉，而唯有「上達」，方能卓然挺立人格之尊嚴。

〔註11〕《孟子·公孫丑上》，同前註，頁 234～235。
　　　　附註：為免引文過於繁冗，後文凡徵引《論語》、《孟子》，若為方塊引文，將直接於引文之後標明頁碼；如於內文中以引號徵引，唯恐影響敘述文脈，則仍以註文交代出處與頁碼。

　　《論語》中「仁」──道德本心的開顯，更揭顯了人的重要本質，如〈里仁〉曰：「君子無終食之間違仁，造次必於是，顛沛必於是。」孟子承續孔子的精神，更直接點出人禽之辨，〈離婁下〉曰：「人之所以異於禽獸者幾希，庶民去之，君子存之。」人和禽獸的差別，在於人有能不受形軀私欲所左右，能自作主宰，純粹爲應然之理的「義」之故而爲，而絕不計較「利害得失」的道德本心在，人的道德心使人有其人格尊嚴，有無可比擬的價值。

　　孟子承繼孔子之「仁」，而從惻隱、羞惡、辭讓、是非的四端之心，揭顯人之「本心」，引領世人作極其懇切的體認，陸象山以是而說：「夫子以仁發明斯道，其言渾無罅縫。孟子十字打開，更無隱遁，蓋時不同也。」〔註12〕

　　儒家的工夫論與道德形上學皆以道德意識爲出發點，人之所以能朝乾夕惕地做道德實踐，皆因其道德意識之覺醒，《論語‧述而》：「子曰：德之不修，學之不講，聞義不能徙，不善不能改，是吾憂也。」此憂患意識即是道德意識；而此道德意識在聖賢處是覺、是醒，因其念念警策，仁心時時發用；而在常人處，則或隱或顯，或者「行之而不著焉，習矣而不察焉，終身由之而不知其道者，眾也」，或者如「富歲，子弟多賴；凶歲，子弟多暴，非天之降才爾殊也，其所以陷溺其心者然也。」〔註13〕，常人或拘於形軀，或蔽於物欲，故不著不察、甚至陷溺其心；聖賢則以仁存心，以理存心，故能「先得我心之所同然」，〈告子上〉又云：

　　　口之於味也，有同耆焉；耳之於聲也，有同聽焉；目之於色也，有
　　　同美焉；至於心，獨無所同然乎？心之所同然者何也？謂理也，義
　　　也。聖人先得我心之所同然耳。（頁320）

故知聖賢有道德意識之憂患自覺，而常人每不自覺而已，然其實皆具有「我心之所同然者」。

　　道德意識之覺醒即是道德本心之自作主宰，而不順形軀起念，此即是「仁遠乎哉？我欲仁，斯仁至矣」、「爲仁由己，而由人乎哉？」人經由仁心主體的發用，修養德行，同時涵育人文教化，追尋理想價值，可以使「道」日新日廓，而非依賴外在客觀的「道」來拉引，此謂「人能弘道，非道弘人」；仁心主體「以感通爲性，以潤物爲用」，「己欲立而立人，己欲達而達人」〔註

〔註12〕陸九淵：《陸九淵集》（臺北：里仁，1981年），頁398。

〔註13〕朱熹：《四書章句集註》，頁350、329。

〔註14〕同前註，頁100、131、167。

14〕；而其盡倫盡分的德行實踐，繫決於一純善的意志，即是「君子喻於義，小人喻於利」之「義」，在人倫日用的實踐中，只問應然之理、該不該做，而不問實然層面的利害得失，是故孔子「知其不可而爲」、「君子之仕也，行其義也。道之不行，已知之矣」〔註15〕，凡此皆可顯見道德行爲之純淨性與自主性。

　　孟子道性善，以道德性爲人之本性，肯定人人皆具此善性，人人皆可以成聖成賢，肯定道德爲一當下可以呈現的事實。道德性呈現，便是本心良知，本心良知時刻可呈現於人的生命活動中，雖是至惡之人，良知仍然存在，只要他如其本性之實情而加以實現，亦可超越轉化而成爲善人，故〈告子上〉云：「乃若其情，則可以爲善矣，乃所謂善也。若夫爲不善，非才之罪也。」〔註16〕就人之應然面而言，人人皆是能爲善的、且應該爲善的，雖是罪大惡極之人亦不例外，雖然此種主體能動性有時會被物欲所遮蔽與牽引，但只要他能眞誠惻怛，向善的心願是當下即可尋回的，此種最深切內在之意願方是人生之眞實，而且此向善之意願是普遍的，人人皆具的，此方是人之眞實本性，也才是性善之所以爲善的意義所在。至於人之所以爲不善，則是因受外誘而失其本心善性，並非天生無此善性。善性爲人所固有，此爲人之道德行爲尋得一既超越又內在的根據。在實然層上，人是否充分盡其善性，則是「爲不爲」的問題，而非「能不能」者，因爲在理上人人皆具，它是普遍的，且超越而內在的。

　　「天生德於予」、「我欲仁，斯仁至矣」，乃至孟子的即四端之心以言性善，皆是直下人的超越本質，而自我何以能超越轉化，皆係因於有此內在的源頭活水，所謂「原泉混混，不舍晝夜，盈科而後進，放乎四海；有本者如是。」〔註17〕而成聖成賢的實踐即是此心此性的躍動，由之而構作成了「即凡俗即神聖」的宗教性，杜維明先生說：

> 儒家的宗教性就是要在這個所謂凡俗的世界裡面體現其神聖性，把它的限制轉化成個人乃至群體超升的助源，把 conditionality 變成 resource。……將神聖的價值在凡俗世界中來體現，體現神聖的這個凡俗不是凡俗和神聖截然二分的凡俗，而體現於凡俗的這個神聖，

〔註15〕同前註，頁 92、73、185。
〔註16〕同前註，頁 328。
〔註17〕同前註，頁 293。

也絕不是脫離凡俗而外在超越的理念，而是內至於凡俗世界的可能性。〔註18〕

在凡俗中體現神聖，孔、孟更以其生命展示了一個具體的昇進之道：

> 吾十有五而志於學，三十而立，四十而不惑，五十而知天命，六十而耳順，七十而從心所欲，不踰矩。（頁54）

> 可欲之謂善，有諸己之謂信，充實之謂美，充實而有光輝之謂大，大而化之之謂聖，聖而不可知之謂神。（頁370）

人雖有限，而可無限，無限價值的開展是依於不容已的仁心，但人在有生之年，還是一個有限性的存在，故而道德實踐是個「仁以為己任，不亦重乎？死而後已，不亦遠乎？」的「任重道遠」之歷程：

> 子貢問於孔子曰：「夫子聖矣乎？」孔子曰：「聖則吾不能，我學不厭而教不倦也。」子貢曰：「學不厭，智也；教不倦，仁也。仁且智，夫子既聖矣。」（頁233）

孔子生前不敢以「仁」、「聖」自居〔註19〕，雖亦隱含有「不聖之聖」、「不仁之仁」之境界義，而更根本的理由是他意會到人的自我完善是個不可一息或止的歷程，人只有在生命劃下句點時才能照顯出無憾與完美。孔子透過他的一生展現了這種完美的型範，而其德性人格的完成係植基於「克己復禮」的實踐，而克己復禮之實踐則根源於道德主體的自覺，人只要一念惻怛，仁心實體，當下自覺，承體即可起用，即用亦可見體，人本具足，無須外求，踐仁即得成聖。

（二）內聖與外王

近世的中國人在西潮的衝擊下，對民族已失去自信心，以致往往不知珍惜傳統文化，甚而不辨良窳，棄如敝屣。儒家「內聖外王」的架構即常被質問，甚且否定，論者每每喜歡問難：儒家的「內聖」何以能開「外王」？蓋由「內聖」到「外王」是綜合關係，而非分析關係，既是綜合關係，則無必然性。此問題一方面把儒家的外王事業狹隘化了，以為只有投入政治關懷者才屬之，至於文化關懷與教育關懷，則不一定是被認同的。另一方面其並不真正了解儒家由內聖開外王實即是一種義理擔當，其意義並非在於：由內聖

〔註18〕 杜維明：《十年機緣待儒學・儒家的超越性及其宗教向度》（香港：牛津，1999），頁44～45。

〔註19〕 又《論語・述而》：「子曰：『若聖與仁，則吾豈敢，抑為之不厭，誨人不倦，則可謂云爾已矣。』」《四書章句集註》，頁101。

一定「能」開外王。綜合關係須借重經驗的成分，儒者亦知道能不能做官，實有「命限」者存焉。但其強調的是：內聖一定「要」開外王，此係就仁心之不容已而言。所謂「禹、稷、顏回同道，……易地則皆然。」〔註 20〕因仁「以感通爲性，以潤物爲用」〔註 21〕，則仁體並非一孤懸的離用之體，而是在「己立立人，己達達人」的發用中具顯，且在仁心無外的自我要求下，由踐仁的「內聖」，必進一步要求「外王」的開展，甚且內聖之所以爲內聖，即因其仁心之無外與不容已，故必然地會自我要求開展外王。然自另一層面言之，在德性實踐上，操之在我者，是「爲不爲」；至於「能不能」，則非操之在我，此義可求之於孔子的生命展現，亦可求之於其對堯、舜、管仲的讚許，孔子使子路反告荷蓧丈人亦云：

> 不仕無義，長幼之節，不可廢也。君臣之義，如之何其廢之。欲潔其身而亂大倫。君子之仕也，行其義也。道之不行，已知之矣。（頁185）

善會「知其不可而爲之」的精神，即可瞭解內聖而欲開外王之精神，我們也可以如此說：內聖之所以爲「聖」，乃在於其對整個社會有一個不容已的道德承擔，雖然時代環境使之「不能」，但因其仁心無外，故仍要「爲」之，所以孔子雖已知「道之不行」的現實，仍要「行其義」。

由內聖而必然「要」開外王，孔子更通過對於堯、舜、管仲的稱讚，昭示「聖」、「仁」的境界，此終極理境必然要在由內聖開展到外王之仁心全幅展現中呈顯，堯、舜、管仲等及其身開顯了外王事功，正是仁心不容已的直貫：

> 子貢曰：「如有博施於民，而能濟眾，何如？可謂仁乎？」子曰：「何事於仁，必也聖乎！堯舜其猶病諸。」（頁 91～92）

> 子曰：「桓公九合諸侯，不以兵車，管仲之力也，如其仁！如其仁！」（頁 153）

> 子曰：「管仲相桓公，霸諸侯，一匡天下，民到於今受其賜。微管仲，吾其被髮左衽矣！」（頁 153）

孔子稱許管仲「如其仁」，主要著眼於其尊王攘夷，一匡天下，澤被生民的政治與文化事功，即管仲開展了「外王」功業。

〔註20〕同前註，頁 299。

〔註21〕牟師宗三：《中國哲學的特質·第五講孔子的仁與性與天道》（臺北：學生，1998），頁 44。

建立外王功業而稱「如其仁」，與「博施濟眾」而稱「聖」，顯示了三方面的意義：一、由內聖到外王不是兩截工夫，而是仁心不容已的立己立人、成己成物，即由仁心實體開出的一貫之用。二、外王事業並非僅限於堯、舜、禹、湯等之政治事功，如孔子「學不厭，教不倦」，乃至其他的文化事業亦皆屬之，甚且更廣義言之，只要自我自覺地作道德實踐，並進一步能自成成他者皆屬廣義的外王之義。三、踐仁成聖的工夫必要含括由內聖到外王的整個體用而言才算完整，即立己成己必在立人成物中完成，立人成物亦是立己成己之一環，自成即成他，他成即自成，即內聖即外王。綜合言之，「內聖」與「外王」的關係是一個有機性的整體關係，而其根源都在於道德性的仁心實體，也因其根源於道德性的仁心實體，聖王德業才能顯其剛健弘實、日新又新。而由此實體義的圓境來論儒聖，才能突顯其精蘊。

三、聖人的境界義圓境

阮孝緒《跡本論》曰：

> 夫至道之本，貴在無為；聖人之跡，存乎拯弊。弊拯由跡，跡用有乖於本，本既無為，為非道之至。然不垂其跡，則世無以平；不究其本，則道實交喪。丘、旦將存其跡，故宜權晦其本；老、莊但明其本，亦宜深抑其跡。跡既可抑，數子所以有餘；本方見晦，尼丘是故不足。非得一之士，闕彼明智；體之之徒，獨懷鑒識。然聖已極照，反創其跡；賢未居宗，更言其本。良由跡須拯世，非聖不能；本實明理，在賢可照。若能體茲本跡，悟彼抑揚，則孔、莊之意，其過半矣。〔註22〕

此論所闡發的即是王弼「體用如一」的迹本圓融，與向、郭「內聖外王」的迹冥圓，而能透顯此圓融理境的乃是儒聖，「聖人體無而有情」、「聖人雖日理萬機而澹然自若」，也頗能切合孔子與堯、舜雖栖栖遑遑，卻能無礙無執的一面，此面雖非就人的道德行為，直接尋繹其本質性的內在根據，卻也開顯了儒家聖人的境界面，豐富了儒聖隱括性的內涵。

此節先論述王弼「聖人體無而有情」的迹本圓融，其次討論向、郭的迹冥圓融。

〔註22〕《梁書》卷五十一〈阮孝緒傳〉（臺北：鼎文，1986年），頁741。

（一）王弼「聖人體無而有情」之圓境

在中國哲學史的舞台上，王弼以二十四歲短暫的一生，卻扮演掃除漢人象數、開啓魏晉玄風的關鍵性角色。其革故開新之作爲，後世毀譽參半〔註23〕。而其能推棄漢儒，下啓六朝流變的樞紐處，在於他用道家沖虛玄體的「無」，取代了儒家實體性之「道」，而開展出一個依止於沖虛玄德的主觀境界形態之「體用圓境」；道體的轉接，使兩漢天人感應目的論與讖緯象數之學失去根源性的憑藉；而體用圓境的開展則爲「儒道會通」絷下堅實的理論基礎。而其對於「聖人」的理解，亦奠立在「道體儒用」的基本架構上，由此豁顯了儒家「聖人」境界義的一面。

王弼如何詮釋「聖人」此一理想人格典型，他構作出了一個「人品崇儒聖，義理宗老莊」的嶄新義蘊，「聖人體無而有情」是其「聖人理當如此圓滿」的圓境展示。他並以此圓境爲判準，推言孔才子是「體道」的聖人，而老子雖盛闡「無」，但他只是「言」無，而非「體」無，故而判定老子不及聖，茲分二小節論述。

1. 論老子不及聖

何劭《王弼傳》載裴徽爲吏部郎時，王弼未弱冠，往造焉，裴徽一見而異之，因問曰：

> 「夫無者誠萬物之所資也，然聖人莫肯致言，而老子申之無已者何？」弼曰：「聖人體無，無又不可以訓，故不說也。老子是有者也，故恒言無，所不足。」〔註24〕

此段是王弼談「聖人體無，老子是有」的記載，《世說·文學篇》也有此段，文字大同小異。而在此段對話中所可注意者有二端，一爲「聖人體無，老子

〔註23〕讚譽者如孔穎達《周易正義·序》云：「魏世王輔嗣之注，獨冠古今。」（臺北：藝文十三經注疏本，1979年），頁1。又朱彝尊《經義考》卷十引黃宗炎評王弼語曰：「一切掃除，暢以義理，天下之耳目煥然一新，聖道爲之復覩。」（臺北：中央研究院中國文哲研究所籌備處，1997年），頁197。
罪責者如《晉書·范甯傳》范甯云：「王弼何晏，兩人之罪深於桀紂。」（臺北：鼎文，1980年），頁1984。又朱彝尊《經義考》卷十引稅汝權評語：「惑世誣民，抑何甚哉！」頁193。

〔註24〕《三國志·魏書》卷二十八〈鍾會傳〉裴注引何劭《王弼傳》，頁795。「恒言無，所不足」，《世說新語·文學篇》作「恒訓其所不足」。二句終極意義皆表示「老子是有」，然文字表達上「恒言『無』，所不足」，涵意較豐富。余嘉錫：《世說新語箋疏》（臺北：仁愛，1984年），頁199。

是有」；一爲聖人所體之「無」。

孔子在世時，弟子已爲其「爲之不厭，誨人不倦」的德行，與「老者安之，朋友信之，少者懷之」的仁心所感召，而以「仁、聖」尊譽之。及至孟子，更從文化統緒闡析其爲「聖之時者」、「集大成」、與「自生民以來未有盛於孔子」的人格典範，因之而以孔子的「私淑」弟子自居〔註25〕，發願踵繼其前跡。至此，孔子在德行人格上，與文化傳衍上，已具有不可移易的地位。

其後，漢武罷黜百家，獨尊儒術，經學之章句訓詁成爲兩漢學術的主流，孔子的權威性地位，愈益堅固不移，故《漢書·古今人表》繼堯、舜、禹、湯、文、武、周公之後，列孔子爲第一等的「上上聖人」，老子則僅爲「中上」第四等的賢人，此種論列，有深厚的歷史傳統爲其背景。

逮至魏晉，玄學家雖雅好玄虛之談，然其亦不能悖離數百年的傳統定論，而入於異端，故正始時期的何、王，與元康時期的向、郭，皆莫不推尊儒聖，而對於老、莊，則大多未以聖域論定之。

歷史傳統中的定論，對於王弼「聖人體無、老子是有」的主張，可以提供一種說解。但除此項外緣的成素外，王弼的推尊儒聖，實亦具有其義理內涵上的必然性，蓋自其體用論觀之，「體」並非枯槁、乾癟的死體，而是具有無限妙用的沖虛玄體，其時時即寂即照，即本體即發用，即無爲即無不爲，證成此無限性的圓境者，必非「避世之士」，非「西出涵谷關」者，反而應當是「與人爲徒」〔註26〕之人。

孔子處在穢濁動盪的亂世，雖絕糧陳蔡，厄困於匡人，猶從容地說：「文王既沒，文在茲乎！天之將喪斯文也，後死者不得與於斯文也，天之未喪斯文也，匡人其如予何？」〔註27〕履險如夷，坦然自若，對人世之關懷，無微毫的衰減，故栖遑終日，席不暇暖，此非臻乎化境者何能如此？若夫因見世道衰微，遂或隱居山林，或出關西去，此則猶有所執，非真能至乎化境者也，有如小乘的怖畏生死，欣趣涅槃；欣趣之，即執著之，此亦是病也。

以王弼觀之，老子雖能以五千言，闡發窮極無稱、至寂玄妙的「無體」，但他只是知解性概念的了解，非體之踐之，實而有之的眞實踐履也，若用《論

〔註25〕 《孟子·離婁下》：「予未得爲孔子徒也，予私淑諸人也。」《四書章句集註》，頁295。

〔註26〕 《論語·微子》：「夫子憮然曰：『鳥獸不可以同群，吾非斯人之徒而誰與！天下有道，丘不與易也。』」同前註，頁184。

〔註27〕 《論語·子罕篇》，同前註，頁110。

語》的話來表示，則老子是僅能「智及」，而不能「仁守」，智及聞見，故「恒言其所不足」；非如孔子之「知者不言」、「善《易》者不論《易》」，〔註28〕冥然渾化。意即老子尚是在自覺地追求「無」的境界，希望能勉力達至，而尚有未及，故「無」在老子是所要追求的理想，而其現實的生命，則尚未能達到「無」的化境。而達至「無」之化境者，亦不宜用語言概念表達此化境，因一落於言詮，一己之生命便落於形跡而與「無」成主客對列的格局，故曰「無又不可以訓，故不說也。」所以恒言「無」者，實非至極，反而不言「無」的孔子，才是「體無」的聖人。

　　「聖人體無，老子是有」可以看做是王弼對孔子與老子在人格義蘊上的一種「判教」，他把老子判定為「有」，未入聖域，雖然不一定相應於老子悲天憫人的救世情懷，但每一個判教本都有其判定的依準，王弼的判準在於「聖人體無而有情」的圓境，而此圓境一方面揭示出聖人無執無為，隨遇而渾化的絕對理境，一方面則揭顯出此絕對理境必須要有積極的發用，即是要對人世有一積極的「道德擔當」，而非只是在立言上的「義理擔當」，此亦猶如佛教的「眾生無邊誓願渡」，不渡盡天下眾生，則不願成佛的悲心大願。道家人物，生於亂世，雖能隨物宛轉，且批判有為造作，但其以生命去承擔穢濁人世的道德擔當，畢竟不足，故而王弼「老子是有」的判定，亦非全無道理。

2. 聖人體無而有情

　　〈王弼傳〉記載何晏、鍾會等主張聖人無喜怒哀樂，王弼不以為然，其言曰：

> 聖人茂於人者神明也，同於人者五情也。神明茂，故能體沖和以通無；五情同，故不能無哀樂以應物。然則聖人之情，應物而無累於物者也；今以其無累，便謂不復應物，失之多矣。

傳又載王弼「答荀融難《大衍義》書」，其曰：

> 夫明足以尋極幽微，而不能去自然之性。顏子之量，孔父之所預在，然遇之不能無樂，喪之不能無哀，又常狹斯人，以為未能以情從理者也，而今乃知自然之不可革。足下之量，雖以定乎胸懷之內，然而隔逾旬朔，何其相思之多乎？故知尼父之於顏子，可以無大過

〔註28〕《道德經》五十六章：「知者不言，言者不知。」樓宇烈：《王弼集校釋》，頁147～148。又《三國志》卷二九〈方技傳〉裴注引《輅別傳》載管輅之言曰：「善易者不論易」，頁821。

矣！〔註29〕

此二段是王弼討論「聖人體無而有情」的專文，其所涉及的意旨，亦在於「體無」與「用有」之內外兩端，合此二方面，方是一個具體而眞實的「聖人」，缺漏其中一面，則不流於「凡」，即入於「枯」。

細究其實，聖人有「同於人者」的一面，也有異於人者的另一面，就「同於人者」一面言之，聖人也是人，「同乎其類」者也，既爲人，則即不能不感應於物，故〈樂記〉曰：「人生而靜，天之性也；感於物而動，性之欲也」，〔註30〕應物而動，則不能無喜怒哀樂之情，此緣於情本出乎自然也，故《毛詩正義·序》云：「若夫哀樂之起，冥於自然；喜怒之端，非由人事」〔註31〕，王弼也說：「夫喜怒哀樂，民之自然，應感而動，則發乎歌聲。」〔註32〕此種物感於外，情動於中，形諸歌聲舞詠之「自然」，《詩·大序》有一段更生動性的敘述：

> 情動於中，而形於言，言之不足，故嗟歎之，嗟歎之不足，故永歌之，永歌之不足，不知手之舞之，足之蹈之也。〔註33〕

鳥獸尚且有感於四時，人焉能不感應於外物；物感於外，情動於內，欣悅則形諸歌詠，哀戚則潸然落淚，雖聖人也不能免除於此，《論語·先進》曰：

> 顏淵死，子哭之慟。從者曰：「子慟矣！」曰：「有慟乎！非夫人之為慟而誰為！」〔註34〕

在《論語》中，我們不難感受到孔子與顏回師生間之深厚情懷，「不遷怒，不貳過」、「其心三月不違仁」、「聞一以知十」、「賢哉回也！一簞食，一瓢飲，在陋巷，人不堪其憂，回也不改其樂。」這些師徒間的對話，皆是老師對學生款款深衷之賞愛與鼓勵，故對於其英年早逝，孔子哭之哀慟，並曰：「天喪予！天喪予！」除了顏回外，孔子對其他學生亦情誼深厚，愛護有加，觀其自牖執伯牛之手而唏噓長歎〔註35〕，覆醢於子路之亡而哭於中庭〔註36〕，即

〔註29〕 《三國志·魏書》卷二十八〈鍾會傳〉裴注引何劭《王弼傳》，頁795。

〔註30〕 〔漢〕鄭玄注，〔唐〕孔穎達疏：《禮記·樂記》（臺北：藝文十三經注疏本，1985年），頁666。

〔註31〕 〔漢〕毛亨傳、鄭玄箋，〔唐〕孔穎達疏：《詩經》（臺北：藝文十三經注疏本，1985年），頁3。

〔註32〕 皇侃《論語集解義疏》卷九：「子曰：予欲無言」孫注引王弼之說，（臺北：商務影印文淵閣四庫全書，1986年），第195冊，頁410。

〔註33〕 〔漢〕毛亨傳、鄭玄箋，〔唐〕孔穎達疏：《詩經》，頁13。

〔註34〕 朱熹：《四書章句集註》，頁125。

〔註35〕 《論語·雍也篇》：「伯牛有疾，子問之，自牖執其手，曰：『亡之，命矣夫！

可知其真情篤厚，因之，即或聖人，亦不能免除「遇之不能無樂，喪之不能無哀」之真情實感，故聖凡之別，不在情之有無也。

聖凡之別，既不在情的有無，則其本質差異究在何處？王弼認為關鍵在於聖人能「體沖和以通無」，即能契顯一沖虛玄妙的無限理境，而其所以能如此，因是神明茂於常人。神明暢茂，體沖通無，故能時時徹向於「有」，亦時時復返於「無」，沖和渾化，無滯無礙，故有情而不為情所累，即有情而不陷溺於情，聖凡之別，本質處是在此層。

聖人因能體現此沖虛玄妙的無限理境，故能隨時應物而感，卻又不受外物的纏累與拘絆。常人因不能「體無」，故雖亦可言「無」是其存在的超越根據，但「無」並不即於常人的生命而表現，故有情而溺於情。而一般隱遁人士，則為求「無為」而遠離人世，其「無」只是死無、抽象的無，亦不能即於現實生命表現。雖如老、莊之智者，其終日所言之「無」，亦似與其生命有隔，因不能一體渾化故也。

聖人體無，故應物而不累於物，圓通無礙，雖有情，而不為情所困，而此時聖人所表現的情，與常人所表現的情，貌相似而實不同，前者的情，稱之為「性其情」，王弼說：

> 不為乾元，何能通物之始，不性其情，何能久行其正。是故始而亨者，必乾元也。利而正者，必性情也。〔註37〕

王弼在此段闡述其體用一如的性情觀，「不為乾元，何能通物之始」，即是「體沖和以通無」，能體現此「萬物資始」的沖虛玄體，則生命可內感而通之（亨），亦可外應而化之（利），內通外應，無累無困，恒久性顯現其堅固與貞正；易言之，即是情無分歧與動盪，此為聖人「應物而無累於物」的情，亦即是「體無」而「用有」的情。「始而亨者必乾元」，「體無」者也；「利而正者必性情」，「用有」者也，通體達用，有無圓融，即是聖人之「性其情」。能性其情，則其情是有「性體」以貫之的情。

在王弼的意涵中，「性」與「情」原是兩個概念、兩個層域，此兩層域可合可離，合之則是「久行其正」的情，離之則將動盪分歧，不能「久行其正」，

斯人也而有斯疾也！斯人也而有斯疾也！』」同前註，頁87。

〔註36〕〔漢〕〕鄭玄注，〔唐〕孔穎達疏：《禮記·檀弓上》：「孔子哭子路於中庭。有人弔者，而夫子拜之。既哭，進使者而問故。使者曰：『醢之矣。』遂命覆醢。」頁112。

〔註37〕樓宇烈：《王弼集校釋》，頁217。

故就「情」一面而言，則有「正」與「不正」的差別，聖人能正，故能貞固恒久，常人不能正，故上焉的賢者，可以做到「三月不違仁」，其餘則「日月至焉而已矣」〔註38〕，所以如此，是因為常人之「性」與「情」偶合偶離，動而不能靜，有而不能無。聖人則「大明終始」，雖「升降無常」，其沖虛玄體則隨時顯發而無為，故永保「大和」：

> 大明乎終始之道，故六位不失其時而成。升降無常，隨時而用。處則乘潛龍，出則乘飛龍，故曰：「時乘六龍」也。乘變化而御大器。
>
> 靜專動直，不失大和，豈非正性命之情者也〔註39〕

故「性」與「情」的關係，亦如「靜」與「動」的異質異層，《復卦注》曰：「凡動息則靜，靜非對動者也」；易言之，即是「體」與「用」的網絡關係，是以「性其情」者，則「靜專動直」，性靜而情動，但此「靜動」，並非平面性、相對性的「靜動」，而是立體性的「體用架構」，體「靜」情「動」，本體之「靜」乃是超越層的「至靜」；「性其情」，則靜動圓融如一，亦即是「體無用有」，故應物而無累於物，有情而不溺於情。

「聖人體無而有情」，是王弼對於聖人人格內蘊的描述，在義理本質上，實際也就是體無用有、迹本圓融的衍伸，此一問題的探討，不僅顯豁聖凡之間本質性的差別，開擴「聖人無情」主張者的視野，對於儒聖應物而無累的一面，也有精透相應的了解，雖然其意旨仍在於「道體儒用」的會通上，但能深刻抉發聖人有情而無累於情的圓境一面者，王弼還是孤明先發的第一人，然而就其所了解的聖人所體的「無」言之，其亦是致虛守靜，損之至極，所契顯的沖虛玄體；其為體也，至虛至寂，無執無造，妙運無方；而其為用，是寂照之用；寂照之用，雖亦能應物渾化，但只是消極的應迹，對於「不曰堅乎，磨而不磷；不曰白乎，涅而不淄，吾豈匏瓜也哉？焉能繫而不食」的孔子，僅能盡其「磨而不磷，涅而不淄」的一面，至於其「鳥獸不可與同群，吾非斯人之徒而誰與」〔註40〕的本質性之一面，則未盡其蘊奧，故在「道體儒用」的體用觀下，其雖言「聖人體無，老子是有」，而其實亦是「陽尊儒聖」，而「陰崇老莊」了。

〔註38〕《論語・雍也》：「子曰：回也，其心三月不違仁，其餘則日月至焉而已矣。」《四書章句集註》，頁86。

〔註39〕樓宇烈：《王弼集校釋》，頁213。

〔註40〕前句見〈陽貨篇〉，後句見〈微子篇〉，朱熹：《四書章句集註》，頁177、184。

「聖人體無而有情」，雖未能觸及孔聖俳惻不已的仁心實感，亦即聖人所以為聖的本質內容，但比之漢儒的純從禮樂教化的功用，即只在迹上看孔聖，實高出許多。而孔子的生命表現，亦確有此「無」之化境，如云：「毋意、毋必、毋固、毋我」、「吾有知乎哉？無知也」、「天何言哉，四時行焉，百物生焉」、「吾與點也」，故王弼之言「聖人體無而有情」，亦確有其精當的一面。

（二）向郭迹冥圓融之圓境

1. 論莊子不及聖

迹即冥，冥即迹，迹冥圓融為一，是向、郭當體即是的體用圓境，能在現實世界中具體真實地體現此「迹冥圓」之圓境者，是《莊子注》中理想的人格典型，此種人格典範亦名之為「聖人」，而誰才是體現此圓境的聖人？此方面向、郭也觸及到與王弼相類似的問題：應如何安置作者本人？易言之：莊子的生命是否已達臻「迹冥圓」的圓境？向、郭的答覆也與王弼沒有異轍，其〈莊子序〉曰：

> 夫莊子者，可謂知本矣，故未始藏其狂言，言雖無會而獨應者也。夫應而非會，則雖當無用；言非物事，則雖高不行；與夫寂然不動，不得已而後起者，固有間矣，斯可謂知無心者也。夫心無為，則隨感而應，應隨其時，言唯謹爾。故與化為體，流萬代而冥物，豈曾設對獨遘而遊談乎方外哉！此其所以不經而為百家之冠也。然莊生雖未體之，言則至矣。〔註41〕

王弼認為老子只是在學說思想上闡發了「無」的義理內涵，而非真正體現之於具體而真實的生命中，「言之」而未「體之」，故「恆言無，所不足」。在向、郭的眼光中，莊子「謬悠之說、荒唐之言、無端崖之辭」的言說方式，主要也是在說明「迹冥圓融」的圓境，「寓言十九，重言十七，卮言日出，和以天倪」也深刻抉發了此圓境的內涵，故在知解理性上彼「可謂知本矣」，其狂言也確深重此圓境的肯綮，故言亦「至」矣。然「知者不言，言者不知」、「道行之而成」〔註42〕今其「言則至矣」，正顯示出其未能「體之」以成道，而只

〔註41〕 郭象：《莊子注·序》，郭慶藩：《莊子集釋》（臺北：河洛，1974年），頁3。按：為免行文繁重，下文所引《莊子》或向、郭《莊子注》之方塊引文，皆據此一版本，將直接於引文之後標示篇目及頁碼，不另作注。

〔註42〕 《莊子·齊物論》：「道行之而成，物謂之而然。」郭慶藩：《莊子集釋》，頁69。

在知解概念中「獨應」而已。知解性的「應」終究只是名言概念中的事，並非在具體生命中體之踐之、行而成之的「會」，故「雖當」而「無用」，「雖高」而「不行」，僅流於「設對獨遘而游談乎方外」者而已矣。但因其已「知本」，故雖「不經」，亦可爲「百家之冠」。

「言雖無會而獨應」揭示出只是「智及」，而不能「仁守」，即不能具體而真實地顯發迹冥圓境於人倫日用之中，此猶如小乘尙未能即生死而證涅槃，對涅槃還有情執，「設對獨遘而游談乎方外」，尙未能一體渾化、當體即是。

那麼，誰才是圓滿理境的體現者？在《莊子注》中，以「聖人」、「至人」稱的，猶是孔子，或孔子所推崇的堯、舜等人物，諸如：

> 聖人（指孔子）無言，其所言者，百姓之言耳，故曰不言之言。苟以言爲不言，則雖言出於口，故爲未之嘗言。（〈徐無鬼注〉，頁 851）
> 此篇言無江海而閒者，能下江海之士也。夫孔子之所放任，豈直漁父而已哉？將周流六虛，旁通無外，蠕動之類，咸得盡其所懷，而窮理致命，固所以爲至人（指孔子）之道也。（〈漁父注〉，頁 1035）
> 此明惠子不及聖人（指孔子）之韻遠矣。（〈寓言注〉，頁 953）
> 聖人（指舜）之形，不異凡人，故耳目之所用衰也，至於精神，則始終常全耳。（〈徐無鬼注〉，頁 865）

孔子、堯、舜等人才是圓境的體證者，莊子則只是「知本」、只是「言至」而已，向、郭此種判定，也可說是一種「判教」，而其所依據的判準則是「內神外聖」或「內聖外王之道」。

2. 聖人的迹冥圓融

向、郭理想性的人格義蘊，乃是能「體極玄冥」，又能「仁迹行，義功著」的儒聖，而非隱居林泉皋壤間，以高風亮節自名的隱士，最典型的例子就是堯與許由的對顯，〈逍遙遊注〉曰：

> 夫能令天下治，不治天下者也。故堯以不治治之，非治之而治者也。今許由方明既治，則無所代之。而治實由堯，故有子治之言，宜忘言以尋其所況。而或者遂云：治之而治者，堯也；不治而堯得以治者，許由也。斯失之遠矣。夫治之由乎不治，爲之出乎無爲也，取於堯而足，豈借之許由哉！若謂拱默乎山林之中而後得稱無爲者，此莊老之談所以見棄於當塗。當塗者自必於有爲之域而不反者，斯之由也。（〈逍遙遊注〉，頁 24）

堯以「不治治之」，以「無爲爲之」，遺天下而天下宗之。「治之而爲天下宗之」
者，迹也；不治、不爲而未嘗有天下者，冥也。迹冥圓一，外內玄合，此方
爲具體而眞實的堯，故「治之由乎不治」，「爲之出乎無爲」在堯身上已得到
全然的展現。然世人只見得迹上的「堯」，而不能透悟其「無心玄應」、「與物
無對」的「所以爲堯」；見其「與物同波」，因以爲其已失逍遙矣！著「迹」
於外，而不知其內實「冥」，故乃「託之於絕垠之外，而推之乎視聽之表」，
藉許由諸人以明此內冥的「體」。然此種依託僅是莊子的「寄言」，因堯自身
已具「神人之實」，只因世人著迹而未透耳，故欲了解莊子「藉許由以明本，
藉放勳以明圓」之意，當「忘言以尋其所況」，如此方可知堯之不徒「迹」上
之堯，其尚有「常以純素守乎至寂而不蕩於外」的「體極玄冥」，故能無心渾
化，「群於人」而又「不荷其累」；是故「至遠之迹，順者更近；至高之所，
會者反下」，理境愈高，愈能於人倫日用中渾化自如，比況於「雲門三句教」
〔註43〕，此可謂已臻乎「隨波逐浪」之境，道即是家常便飯，堯的跡冥圓正
顯現此種至高的理境。其言又曰：

> 夫自任者對物，而順物者與物無對，故堯無對於天下，而許由與稷
> 契爲匹矣。何以言其然邪？夫與物冥者，故群物之所不能離也。是
> 以無心玄應，唯感之從，汎乎若不繫之舟，東西之非己也，故無行
> 而不與百姓共者，亦無往而不爲天下之君矣。以此爲君，若天之自
> 高，實君之德也。若獨亢然立乎高山之頂，非夫人有情於自守，守
> 一家之偏尚，何得專此！此故俗中之一物，而爲堯之外臣耳。若以
> 外臣代乎內主，斯有爲君之名而無任君之實也。（〈逍遙遊〉注，頁
> 24～25）

「自任者對物，順物者與物無對」，堯與許由究竟何人才是眞正之「無對」與
「逍遙」者？確然的答案是堯，而非許由，因許由只能「遊外」，不能「依內」；
只知「離人」，而不知「合俗」；「遺物」而不能「入群」；「坐忘」而不能「應
務」，則其「遺」、其「忘」只是一種「執」，一如小乘之耽溺於空，「耽空」
即是「執」，此是以 「法」去「病」，而反執於「法」；「捐迹反一」，而反執
於一；情尚於「冥」，而執於「冥」。執於冥，故絕迹以孤冥；絕迹孤冥，只

〔註43〕《五燈會元》卷十五載：雲門宗祖文偃曰：「我有三句話示汝諸人：一句函蓋
乾坤，一句截斷眾流，一句隨波逐浪。作麼坐辨？若辨得出，有參學分；若
辨不出，長安路上輥輥的。」（臺北：文津，1986年），中冊，頁935。

是抽象地觀冥體自己，執於抽象之冥，而不能渾化，猶如執守於「頑空」、「死無」，雖「屬然以獨高為至，而不夷乎俗累」，但僅是「守一家之偏尚」，「此故俗中之一物，而為堯之外臣」，不足以語至極，以遊無窮。故其云：「若謂拱默乎山林之中，而後得稱無為者，此老、莊之談所以見棄於當塗」。

本來，在《莊子》的原文中，其所推崇的人物是「神人」，向、郭以「寄言」的方式解說之：

神人即聖人也，聖言其外，神言其內。（〈外物注〉，頁 945）

「內神外聖」亦即是《莊子注・序》所稱的「內聖外王」，此「內聖外王」與儒家由仁心實理所開的「內聖外王」，在「內聖」的義理內涵上顯然並不相同，但其以「儒聖」為體踐的圓聖則是一致的。

「內聖」與「外王」兼具於一身，方是《莊子注》中理想人格的典型，亦是其「聖人」一辭的義蘊。「內聖」即是堯的治之由乎「不治」、為之出於「無為」，「不治」與「無為」是其「神人之實」，也是沖虛玄德無心任化的作用。此妙用應物而感，隨感起用，生動活潑，玄妙萬端，在「終日揮形」與「俯仰萬機」的當下，愈益顯發其沖虛渾妙的大用，「會通萬物之性，陶鑄天下之化」，盛德大業的迹用，即在此沖虛玄德中妙應而成。是故分解性地說之，則聖人必具有「內聖」與「外王」二面，而究其實，則是聖人一體圓合的展現，其「外王」的德業必資於「內聖」的冥體，而「內聖」的渾化妙用，亦必開展出「外王」的聖業，內外渾一，迹冥圓融，儒、道由之而暢然大通矣。故由堯身上體現的「迹冥圓」，應扣緊二方面加以理解：

其一，冥體不是一湖死水，其自身即是一種靈妙透脫的作用，此作用使聖人能即俗累，而即逍遙；雖入群應物，又能無對於天下。而那些「亢然立乎高山之頂」、「求無為於恍惚之外」的高士，雖亦具有高風亮節，不與流俗同污的節操，也能產生使「頑夫廉，懦夫有立志」的移風易俗之作用；但其「屬然以獨高為至而不夷乎俗累」，實是與物有對，不能達冥化之境的，而此種作風對於世俗的教化也會有負面的影響。

其二，聖人雖終日「歷山川，同民事」，但他們的心能「體極玄冥」、「凝乎至當之極」，而世人不能透澈瞭解其內涵，徒見其栖栖遑遑，無時或息，就以為他「弊弊焉勞神苦思，以事為事」，也以為凡俗瑣事足以纏縛其心、憔悴其神。在《莊子注》中，對於此問題，亦有詳細解說。注中認為儒聖諸人，雖形勞於天下，而開闢出一番治世的德業，但其治是「不治」、「無為」之治，

所謂「無心而任化，乃群聖之所游處」，因爲他們無心以順物，無對於天下，雖日理萬機，奔馳不息，而其心則無時不逍遙遊放與閒暇自適：

> 雖湯武之事，苟順天應人，未爲不閒也。故無爲而無不爲者，非不閒也。（〈天地注〉，頁422）

此因聖人內有「神人之實」，其沖虛玄德無時不妙運渾化，故「負萬物，應萬機」，常人視爲形神殄瘁的事，他們卻「忽然不知重之在身，眠然不覺事之在己」，其逍遙之心、閒適之情，不必倚托於山水，寄遊於江海，即「俗塵」之中，即「桃源」之境；「無江海而閒者，能下江海之士」與「至遠之迹，順者更近；至高之所，會者反下」，都表示著：至道之人，絕非藐姑射與箕山的隱者，而是能在禮樂教化、人倫日用中揮灑自如的人。那些「絕垠之外，視聽之表」的高士，雖也頗像悠然自閒的人，但他們的是「自任者對物」、「有意爲閒」的閒，不是至人「無心以順有，遊外以弘內」、即廟堂即山林，當體渾化圓融的「無江海而閒」的閒者。

至人之閒是即閒即不閒，即不閒即閒，閒與不閒泯然無別，隨遇而安，怡然自得，無執無爲，純然只是沖虛玄德無心任化的作用，「外王」的治世德業即在此發用中迹應而生，「內聖」「外王」的圓融、儒道兼綜的大通，也在此迹冥圓境的當體展現中被證成。

3. 天刑與桎梏

在《莊子》原文中，曾以孔子爲「天之戮民」與「天刑之」，莊子的原意不一定是讚美的意思，向、郭卻在該處深致讚歎，將儒聖體踐於迹冥圓境的精蘊發揮得淋漓透澈。

「德充符」載：「無趾語老聃曰：『孔丘之於至人，其未邪？彼何賓賓以學子爲？彼且蘄以諔詭幻怪之名聞，不知至人之以是爲己桎梏邪？』」向、郭注曰：

> 夫無心者，人學亦學。然古之學者爲己，今之學者爲人，其弊也遂至乎爲人之所爲矣。夫師人以自得者，率其常然者也；舍己效人而逐物於外者，求乎非常之名者也。夫非常之名，乃常之所生。故學者非爲幻怪也，幻怪之生必由於學；禮者非爲華藻也，而華藻之興必由於禮。斯必然之理，至人之所無奈何，故以爲己之桎梏也。（〈德充符〉注，頁204）

向、郭的意思是：孔子的學是「無心之學」、「爲己之學」，即是率其常然，而

非捨己效人，求非常之名。然而孔子雖不求非常之名，卻自然就有非常之名，因「非常之名，乃常之所生」，不求名，而名自至，此種「桎梏」是不可避免的，故眞實的「冥」，是在日用之「迹」中當下展現的「冥」，亦即眞正的解脫，是即于「桎梏」的解脫。

莊子於原文中，藉無趾的口點出「冥體自己」，即指離「迹」以觀「冥」的抽象之「冥」，然此只是分解表示「冥」的第一步意義；若是情尚於此抽象的「冥體」，即「有情於自守」、「執守一家之偏尚」的偏執，就會以「迹用」爲「桎梏」，則非隱居於山林皋壤不可。然眞正的佛是即九法界眾生而成佛，捨離眾生，焉有能成佛者？而孔子之爲聖，是即此「桎梏」而成聖，且在孔子眼中，一般人所視之爲「桎梏」者，孔子並不以之爲「桎梏」，這是向、郭肯認儒聖的的精義所在，也是其「迹冥圓」的精彩之處，在「天刑之，安可解」句下，其注又云：

> 今仲尼非不冥也。顧自然之理，行則影從，言則嚮隨。夫順物則名跡斯立，而順物者非爲名也。非爲名則至矣，而終不免乎名，則執能解之哉！故名者影嚮也，影嚮者形聲之桎梏也。明斯理也，則名跡可遺；名跡可遺，則尚彼可絕；尚彼可絕，則性命可全矣。（〈德充符〉注，頁 206）

在此段注文中，向、郭首先揭示孔子是迹冥圓的體現者，其生命已臻乎「即迹即冥，即冥即迹，亦迹亦冥，非迹非冥，迹冥圓融爲一」的渾然化境，這是〈德充符注〉中所言的「德充於內，物應於外，外內玄合」的圓實理境。

「冥即迹」，則非情尚於「冥」之偏執，沖虛玄德必時時發爲禮樂教化、人倫道德之迹用。「迹即冥」，則用非無源頭之死水，其當體有沖虛玄德以渾化之，迹冥一如，無心成化，化成則「迹」之「桎梏」不可免，所謂「無不容者，非爲仁也，而仁迹行焉；無不理者，非爲義也，而義功著焉」，「信行容體而順乎自然之節文者，其迹則禮也」、形影相隨，言響相從，迹冥圓融爲一，此乃「自然之理」，此謂之「天刑」，亦狀以「桎梏」，皆意謂雖聖人亦不得免之，亦且聖人乃是即此「天刑」與「桎梏」，方能成爲「內神外聖」之聖人。而聖凡之別亦在於：凡人以此爲「天刑」、「桎梏」；而聖人因有沖虛玄德之「內神」，故能體用圓融、迹冥渾一，故不以之爲「天刑」、「桎梏」也。

聖人雖不能免除迹用之桎梏，然因其無心順物，玄同彼我，泯然與至當

為一，故雖有「迹」，而其體極玄冥而無執；因體「冥」，故其渾化為日用而不尚，故其桎梏亦非桎梏；究其實言之，其心凝於至當之極，已無所謂「桎梏」與「非桎梏」，亦猶佛之涅槃即不涅槃，其涅槃與不涅槃皆是隨緣之方便，就佛自身而言，已無所謂涅槃與不涅槃也。

> 以方內為桎梏，明所貴在方外也。夫遊外者依內，離人者合俗，故
> 有天下者無以天下為也。是以遺物而後能入群，坐忘而後能應務，
> 愈遺之，愈得之。苟居斯極，則雖欲釋之而理固自來，斯乃天人之
> 所不赦者也。」（〈大宗師〉注，頁 271）

即「天刑」即「逍遙」，即「桎梏」即「解脫」，孔子乃是即人世之滔滔而成聖，猶如佛之即於污泥而成佛，《維摩詰所說經・佛道品第八》說：

> 譬如高原、陸地不生蓮華，卑濕淤泥，乃生蓮華。如是，見無為法
> 入正位者，終不復能生于佛法。煩惱泥中乃有眾生起佛法耳。又如
> 殖種于空，終不得生。糞壤之地，乃能滋茂。如是，入無為正位者，
> 不生佛法。起于我見如須彌山，猶能發于阿耨多羅三藐三菩提心，
> 生佛法矣。是故當知一切煩惱為如來種。譬如不下巨海，不能得無
> 價寶珠。如是，不入煩惱大海，則不能得一切智寶。〔註44〕

「菩提」理當即於「煩惱」而生，「涅槃」理當即於「生死」而成，「佛道」理當即於「非道」而見；聖人的德業理當即於「天刑」與「桎梏」而顯，一方面昭顯出佛與聖人同體大悲、不捨眾生的悲憫，一方面亦揭示出如理究竟說當體即是的圓實理境。

在理論旨趣上，「迹冥圓」展現一當體圓融渾化的極致，然其「遺物而後能入群，坐忘而後能應物，愈遺之，愈得之」，顯發「內聖外王」、儒「迹」道「冥」的意旨，亦甚鮮明，「以方內為桎梏，明所貴在方外」，人品雖「宗儒聖」，言理則「崇老莊」，魏晉玄學中「會通儒道」的主要軌轍仍未偏離，甚且更將境界義的體用圓境，在「迹冥圓」的意涵中發揮得更淋漓透徹。

四、結　語

經由上文之論列，可以見出儒家「聖人」的人格義蘊，實兼合「實體義」圓境與「境界義」圓境，此二者在體性學上本有顯著的不同面，茲表列於後：

〔註44〕《維摩詰所說經》，《大正藏》（臺北：新文豐，1983 年），第 14 冊，頁 549。

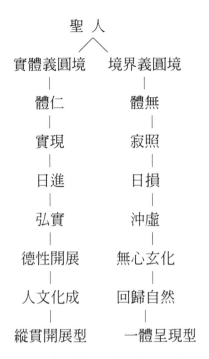

聖　人

實體義圓境　　境界義圓境

體仁　　　　　體無

實現　　　　　寂照

日進　　　　　日損

弘實　　　　　沖虛

德性開展　　　無心玄化

人文化成　　　回歸自然

縱貫開展型　　一體呈現型

　　在先秦時期的儒門義理中，「實體義」的體用圓境已有充實飽滿的顯發，「境界義」的體用圓境則隱括於聖人「大而化之」的境界裡，直至魏晉時期，王弼與向、郭才正面抉發儒聖「應物而不累於物」的境界圓境。就儒學的本義而言，「實體義」圓境乃是其學說體系的精華處，也是其精義所在，因為本於仁心實體所開展的德性實踐與聖王德業，才有剛健弘實的本源；因此，「實體義」與「境界義」對於儒聖而言，非惟是顯隱之分，亦且有主從之別；但若僅彰顯儒聖「實體義」的圓境，忽略了「境界義」之圓境，則亦終究不能盡其全貌；故對儒家而言，沖虛玄妙之化境雖未能全盡聖人仁心實理的精義，卻能豁顯儒聖本然含有的「毋意、毋必、毋固、毋我」，與無造無執的一面，使聖人不再被誤解為終日不苟言笑、道貌岸然之「無情」之人，而是能應物興感、有樂有哀之「用有」者，只是聖人能「體無」，故雖有情，卻不滯陷於情。

　　故總合先秦儒學「踐仁成聖」與魏晉玄學「迹本圓融」，才能彰顯儒家「聖人」之全幅義蘊。